# LE CVISINIER FRANÇOIS,

ENSEIGNANT LA MANIERE de bien apprester & assaisonner toutes sortes de Viandes grasses & maigres, Legumes, Patisseries, & autres mets qui se seruent tant sur les Tables des Grands que des particuliers.

*Par le Sieur de LA VARENNE Escuyer de Cuisine de Monsieur le Marquis d'VXELLES.*

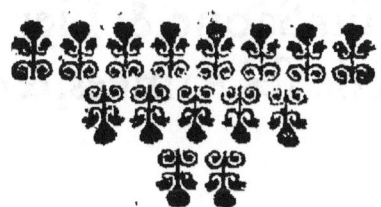

A PARIS,
Chez PIERRE DAVID, au Palais, à l'entrée de la Gallerie des Prisonniers.

___

M. DC. LI.
*Auec Priuilege du Roy.*

A TRES HAVT
ET PVISSANT SEIGNEVR
Mʳᵉ LOVIS CHAALON
DV BLED,
CONSEILLER DV ROY
en ses Conseils d'Estat & Priué,
Cheualier de ses Ordres, Baron
de Tenar, Marquis d'Vxelles &
de Cormartin, Mestre de Camp
d'vn Regiment d'Infanterie en-
tretenu pour le seruice de Sa
Majesté, l'vn de ses Lieutenans
Generaux en Bourgogne, Bailly
de la Noblesse en ladite Prouince,
Gouuerneur des Ville & Citadelle
de Chaalons sur Saone, & Lieute-
nant General de ses Armées, &c.

ONSEIGNEVR,

*Bien que ma condition ne me*

rende pas capable d'vn cœur heroïque, elle me donne pourtant assez de ressentiment pour ne pas oublier mon deuoir. J'ay trouué dans vostre Maison par vn employ de dix ans entiers le secret d'aprester delicatement les Viandes. J'ose dire que i'ay fait cette profession auec grande approbation des Princes, des Mareschaux de France, & d'vne infinité de personnes de condition, qui ont chery vostre table dans Paris & dans les Armées, où vous auez forcé la Fortune d'accorder à vostre Vertu des Charges dignes de vostre Courage. Il me semble que le public doit profiter de cette experience, afin qu'il vous doiue toute l'vtilité qu'il en receura. J'ay donc redigé par escrit ce que i'ay mis si long-temps en pratique dans l'honneur de vostre seruice, & en ay fait vn petit Liure qui porte le tiltre d'Escuyer de vostre Cuisine : Mais comme tout ce qu'il contient n'est qu'vne leçon que le desir de vous complaire m'a fait apprendre, ie me suis imaginé qu'il deuoit estre honoré de vostre Nom, & que sans pecher contre mon deuoir, ie ne luy deuois point chercher vn plus puissant appuy que le vostre. C'est vne marque de la passion que i'ay tousiours apportée & que i'apporteray toute ma vie à vostre seruice. C'est pourquoy, Monseigneur, vsez de vostre Generosité ordinaire, ne le mesprisez pas, bien qu'il soit indigne de vous. Considerez que c'est vn tresor des saulces dont le goust vous a contenté quelque fois, & qu'apres tout c'est vn chef d'œuure qui part de la main de celuy qui sera toute sa vie,

MONSEIGNEVR,

Vostre tres-humble, tres-obeïssant,
& tres-obligé seruiteur,
FRANCOIS PIERRE
dit LAVARENNE.

# AMY LECTEVR.

IL m'a semblé à propos de vous donner quelque aduis touchant le dessein & l'vsage de ce Liure, dont ie suis l'Autheur, sans vanité. Mon dessein est non de chocquer, ny d'offencer personne, quoy que ie ne doute pas que quelques malveillans ou enuieux, en parleront à perte de veuë: Mais bien de seruir & secourir ceux qui en auront besoin, dont plusieurs n'ayant pas l'experience, ou la memoire presente ne veulent ou n'osent s'ingerer d'apprendre ce qu'ils ne sçauent pas, partie par gloire, partie aussi par autre consideration: Les vns croyét se faire tort de prendre conseil en vne chose, qu'ils deuroiét peut-estre sçauoir. Les autres n'ayās point d'habitude aupres de ceux qui les pourroiét enseigner, sont honteux de se presenter sans reconnoissance, dont leur gousset quelquefois assez mal garny, ne leur donne pas le pouuoir. C'est pourquoy cherissant particulierement ceux de ma profession, i'ay pensé leur deuoir faire part de si peu que i'en sçay, & les deliurer de cette peine.

Pour l'vsage. Ie vous ay dressé quatre seruices, au deuant de chacun desquels vous trouuerez la Table, & les discours ensuitte. Et les ay diuisez selon les diuerses façons de repas qui se font és iours de chair, de poisson, de Caresme: & particulierement au iour du grand Vendredy, l'ay adjousté beaucoup d'autres choses generalles, dont vous verrez les tables, & les discours. I'y ay meslé Table & façon de patisseries, suiuant les saisons, & autres petites curiositez de mesnage, assez vtiles à toutes personnes; que si vous y trouuez quelque article dans les Tables qui ne soit dans les discours, ne me blasmez pas, ie les ay obmis, parce qu'ils sont communs, & les ay mis dans les Tables pour en faire souuenir. Enfin, pour recompense, ie ne vous demande autre chose, mon cher Lecteur, sinon que mon trauail vous puisse estre profitable & agreable.

## Extraict du Priuilege du Roy.

Par grace & Priuilege du Roy, il est permis à Pierre Dauid, Marchand Libraire à Paris, d'imprimer ou faire imprimer le Liure intitulé, *Le Cuisinier François*, composé par le sieur de la Varenne, Escuyer de Cuisine de Monsieur le Marquis d'Vxelles, pendāt le temps & espace de dix ans, à compter du iour qu'il sera acheué d'imprimer, auec deffense à tous autres de l'imprimer ou faire imprimer sous les peines portées par icelles Lettres. Données à Paris le dix septiesme iour de Iuillet mil six cens cinquante-vn.

Signé, GVITONNEAV.

# LE LIBRAIRE AV LECTEVR.

AMY LECTEVR; Ce Liure dont la matiere & le tiltre semblent nouueaux dans Paris, ne s'y en estant point encore imprimé de pareil, ne vous sera pourtant pas, ce me semble, infructueux. Il s'en est veu quantité, & qui ont esté bien receus, pour les remedes & guarisons des maladies, à peu de frais, & sans auoir recours aux Apotiquaires, comme le Medecin charitable, & autres : Mais celuy-cy qui ne tend qu'à conseruer & à maintenir la santé en bon estat & en bonne disposition, enseignant à corrompre les vicieuses qualitez des viades, par les assaisonnemens côtraires & diuersifiez, qui ne tend, dis-je, qu'à dôner à l'homme vne nourriture solide, bien apprestée, & conforme à ses appetits, qui sont en beaucoup de personnes la regle de leur vie, & de leur embonpoinct, ne doit pas, à mon aduis, estre moins consideré, puis qu'il est bien plus doux de faire vne dépense honneste & raisonnable à proportion de ses facultez, en ragousts & autres delicatesses de viandes, pour faire subsister la vie & la santé, que d'employer vne somme immense en drogues, herbages, medecines, & autres remedes importuns pour la recouurer. Cela m'a persuadé apres beaucoup de solicitations de mes amis de le mettre au iour, & de le produire dans cette grande Ville qui fait fonds de tout, ne rebute rien, & où ce qui n'est propre aux vns, est vtile aux autres Son Autheur vous a enoncé dans son Aduertissement l'vtilité & le profit qu'il pouuoit apporter; & i'oseray bien encherir par dessus, & dire que non seulement il est vtile, mais aussi qu'il est necessaire, d'autant que non content d'y auoir estallé les plus fines & les plus delicates façōs d'apprester les viandes, pastisseries, & autres choses qui se seruent sur les tables des Grands, il vous donne les preceptes des choses les plus communes & plus ordinaires qui se debitent dans la nourriture des mesnages, qui ne font qu'vne dépense reglée & moderée, & dans l'apprest desquelles beaucoup de personnes pechent en trop ou trop peu; il vous enseigne les façons de mille sortes de legumes & autres victuailles qui se trouuent dans la campagne à foison, où la pluspart ignorent le moyen de les accommoder auec hôneur & contentemét;& par ce moyen, il se trouuera que i'ay eu grande raison de faire ce seruice au public, non seulement pour la delicatesse, mais aussi pour la necessité. Ioint que nostre France, emportant l'honneur par dessus toutes les autres Nations du monde, de la ciuilité, courtoisie & bien-seance en toutes sortes de conuersations, elle n'est pas moins estimée pour sa façon de viure, honneste & delicate. Et la ville de Paris l'emportant eminemment par dessus toutes les Prouinces du Royaume, dont elle est la Metropolitaine, la Capitale, & le Siege de nos Roys, il est sans côtredit que ses subalternes suiuront en cecy l'estime qu'elle en fera: Et me donne esperance que luy en offrant les premices, elle les receura auec accueil, & les autres à son imitation; apres quoy, les autres Nations pourront bien estre picquées du desir de se rendre conformes à celle qui excellant en tou-

## Le Libraire av Lectevr.

tes les rencontres de la vie, ne peut pas ignorer le moyen de la conseruer contente & paisible, par l'vsage des choses qui la maintiennent & la font subsister. Ie vous puis asseurer que i'y ay apporté tous les soins imaginables de ma part pour le mettre en son lustre, & releuer vn peu sa matiere, qui semblera peut-estre à quelques Critiques, moins digne de preceptes; mais les plus iudicieux en pourront penser autrement, & s'aduiser que tous les Liures tant anciens que modernes estant la pluspart pour l'aliment de l'esprit, il estoit bien raisonnable, que le corps, sans la bonne disposition duquel il ne peut bien agir, en eust sa part, & principalement dans vne chose si necessaire à sa conseruation. Ioüissez-en, cher Lectevr, pendant que ie m'estudieray à vous exposer en vente quelque chose qui meritera vos emplois plus releuez & plus solides.

# TABLE DES VIANDES

qui se trouuent & se seruent d'ordinaire aux diuerses saisons de l'année.

## Depuis Pasques iusques à la S. Iean.

Poulets de grain.
Dindons de l'année.
Oysons.
Aigneaux.
Pigeonneaux de voliere, ou ramereaux.

Leuraux.
Francs marcassins.
Perdrix.
Faisans.
Ortolans.
Lapins, Lapreaux.

## Depuis la S. Iean iusques à la S. Remy.

Perdreaux.
Ramereaux.
Tourterelles.
Faisanteaux.
Cailleteaux.
Leuraux.
Marcassins.
Poulets d'Inde.
Chaponneaux.
Pigeons de voliere.

Poulets de grain.
Poulardes.
Oysons gras.
Ralles.
Ortolans.
Allebrans.
Faons.
Cheureaux.
Beccassines.

## Depuis la S. Remy iusques en Caresme.

Chapon gras.
Poularde grasse.
Poularde chastrée de Normandie.
Chapons de pallier, & de cluseaux.
Poules grasses à bouillir
Poules d'Inde.
Cocqs d'Inde.
Agneaux.
Levraux.
Perdrix.
Beccasses.
Ramiers.
Pluuiers.
Sarcelles.
Rouges.
Faisans de bois.
Oyseaux de riuiere.
Genillote de bois.
Beccassines.
Griues.
Mauuiettes.
Poulets de grain.
Levraux de Ianuier.
Courlis.
Pigeons de voliere.
Cailles grasses.
Crestes.
Foyes gras.
Sirot.
Ginarts.
Oyes grasses pour saler aux poix.
Allouëttes.
Canards de pallier.
Cochons de laict.
Poulettes d'eau.
Hairon.
Hirondelles de mer

# LE CVISINIER FRANÇOIS,

ENSEIGNANT LA MANIERE de bien apprester & assaisonner les viandes, suiuant les quatre saisons de l'année, comme elles se seruent à present en la table des Grands.

---

*La maniere de faire le Boüillon pour la nourriture de tous les pots, soit de potage, entrée, ou entre-mets.*

Vovs prendrez trumeaux derriere de simier, peu de mouton, & quelques volailles, suiuant la quantité que vous voulez de boüillon,

A

vous mettrez de la viande à proportion, puis la ferez bien cuire auec vn bouquet & peu de cloud : & tenez toufiours de l'eau chaude pour remplir le pot; puis eftant bien faict, vous les pafferez pour vous en feruir. Et la viande roftie, dont vous aurez tiré le jus, vous la mettrez boüillir auec vn bouquet; faites là bien cuire, puis la paffez pour mettre à vos entrées, ou aux potages bruns.

---

*Table des potages qui fe peuuent faire pour feruir és iours gras.*

| | |
|---|---:|
| Bifque de Pigeonneaux, | 1. |
| Potage de fanté, | 2 |
| Potage de perdrix aux choux, | 3 |
| Potage de canards aux nauets, | 4 |
| Potage de poulets garnis d'afperges. | 4 |
| Potage de perdrix marbrées, | 5 |
| Potage de fricandeaux. | 6 |
| Potage de cailles marbrées, | 7 |
| Potage de ramiers garny, | 8 |
| Potage de profiteolle, | 9 |
| Potage à la Reyne, | 10 |
| Potage à la Princeffe, | 11 |
| Potage à la Iacobine, | 12 |

Potage d'estudeaux, 13
Potage de sacerlles à l'hypocras, 14
Potage d'alouettes au roux, 15
Potage de pigeonneaux, 16
Potage de sacerlles à suc de nauets, 17
Potage de beatilles, 18
Potage de poulets aux choux fleurs, 19
Potage de poulets en ragoust, 20
Potage de pigeonneaux rostis, 21
Potage d'oyson à la purée, 22
Potage de petite oye d'oyson, 23
Potage d'oyson aux poids verds, 24
Potage d'oye sallée à la purée, 25
Potage de poulets aux poids verds, 26
Potage de pigeons aux poids verds, 27
Potage de sallé aux poids, 28
Potage de lapereaux, 29
Potage d'abats d'agneau, 30
Potage d'allouettes à la sauce douce, 31
Potage de jarret de veau, 32
Potage de poictrine de veau, 33
Potage de mouiette, 34
Potage de tortuës, 35
Potage de cochon de laict, 36
Potage de mouton aché, 37
Potage de trumeau de bœuf, 38
Potage de chapon au riz, 39
Potage de poulets au riz, 40

Potage de trumeau de bœuf au tailliadin, 41
Potage de marmitte, 42
Potage de teste de veau fritte, 43
Potage de mouton frit aux nauets, 44
Potage de manche d'espaule en ragoust, 45
Potage de beccasse rostie, 46
Demie bisque, 47
Potage de Iacobine au fromage, 48.

## Maniere de faire les Potages, dont la Table est cy dessus.

### 1. Bisque de pigeonneaux.

Prenez vos pigeonneaux, apres qu'ils seront bien nettoyez & troussez faites les blanchir, & les empottez auec vn petit brin de fines herbes, & emplissez vostre pot du meilleur de vos bouillons, empeschez bien qu'il ne noircisse, puis faites seicher vostre pain & le faites mitonner au bouillon de pigeon, puis dressez apres qu'il est bien assaisonné, la garnissez des pigeonneaux, crestes, rits de veau, champignons, ius de mouton, puis pistachés, seruez citron.

### 2. Potage de santé.

Le potage de santé se fait de chapons, apres qu'ils sont bien nettoyez, vous les trouffez & les empotez auec du boüillon, les couurez de peur qu'il ne deuienne noir: Faut les bien affaifonner, bien faire cuire, & y mettez force bonnes herbes, en Hyuer chycorée blanche, puis dreffez, & les garniffez de vos herbes ou chycorée, & feruez.

3   *Potage de perdrix aux choux.*

Se fait ainfi; eftans bien nettoyées vous les lardez de gros lard, puis les trouffez, & les faites blanchir, les empotez auec de bon boüillon; puis prenez vos choux & les empotez auec vos perdrix, apres qu'ils feront cuits vous y pafferez vn peu de lard fondu, & les affaifonnerez auec clou, poiure, puis faites mitonner vos croûtes, les garniffez de fagouës de veau ou fauciffes fi vous en auez; puis feruez.

4.   *Potage de canards aux nauets.*

Se fait ainfi: apres qu'ils font nettoyez lardez-les de gros lard, puis les paffez dans la poëfle auec fain-doux ou lard fondu: ou bien faites-les roftir trois ou quatre tours à la broche, puis les empottez, en fuite prenez vos nauets, les coupez comme vous voulez, les faites blanchir, les farinez & les paffez par du fain-doux ou du lard, iufques à ce qu'ils foient bien roux, puis les mettez dans vos canards, faites le tout bien cuire, & mitonner voſtre pain, afin que voſtre potage ſoit lié, ſi vous auez des capres vous y en mettrez, ou vn filet de vinaigre ; dreſſez & les garniſſez de vos nauets, puis ſeruez.

4. *Potage de poulets garnis d'aſperges.*

Apres qu'ils ſont bien trouſſez vous les faites bien blanchir, & les empottez auec vne barde pardeſſus : rempliſſez voſtre pot de voſtre meilleur bouillon, & les aſſaiſonnez, & ne les laiſſez trop cuire, ſeichez voſtre pain, puis le faites mitonner, & le garniſſez de vos poulets, & aſperges fricaſſées & rompuës, chãpignons, creſtes, ou les beatilles de vos poulets, puis peu de piſtaches & ius de mouton, & les garniſſez de citron, puis ſeruez.

5. *Potage de perdrix marbrees.*

Apres que vos perdrix ſont bien trouſſées, lardez-les de gros lard & les faites blanchir, puis les empottez ; faites les bien cuir & aſſaiſonnées de ſel, puis faites entrer & mitonner voſtre pain. Garniſſez voſtre potage de vos perdrix & de champignons, & les faites vn peu bouillir ſur le feu y mettant du bouillon blanc d'amende & du ius de mouton, piſtaches & citron, puis seruez.

### 6. Potage de fricandeaux.

Prenez vne ruëlle de veau, la couppez fort deliée, faites-là bien piquer & la faites prendre couleur dans vne tourtiere ou entre-deux plats, puis les mettez dans vn petit pot auec du meilleur bouïllon, les assaisonnez, faites mitonner vostre pain & le garnissez de vos fricandeaux, champignons, troufles, asperges, ius de mouton, pistaches, si vous voulez, ou citron, puis seruez.

### 7. Potage de cailles marbrées.

Apres que vos cailles sont troussées & blanchies, farinez les & passez auec du lard, puis les empottez, faites les bien cuire & les assaisonnez de sel ; faites mitonner vostre pain & le garnissez de vos cailles auec troufles, champignons, crestes, citron, & pistaches, puis seruez.

### 8. Potage de ramiers garny.

Prenez vos ramiers, ou gros pigeons, faites les blanchir & lardez de moyen lart, puis les empottez & faites bien cuire, auec assaisonnement de sel & vn brin de thin, faites mitonner vostre pain, puis le garnissez de vos ramiers, culs d'artichaux, asperges ; puis seruez.

9. *Potage de profiteolles.*

Il se fait ainsi : Vous prendrez quatre ou six petits pains, vous en osterez toute la mie par vne petite ouuerture faite au dessus, vous ostez le couuert & le faites seicher auec le pain, les faites passer par du sain doux ou du lard, puis faites mitôner vostre pain auec vostre meilleur bouillon & l'arrousez de bouillon d'amende, puis mettez vos pains pour garnir vostre potage, & les emplissez de crestes, de riz de veau, beatilles, trufles, champignons, & les couurez. Mettez y du bouillon iusques à ce que le pain soit imbu ; auant que seruir iettez du jus & ce que vous aurez par dessus, puis seruez.

10. *Potage à la Reyne.*

Prenez des amendes, les battez & les mettez bouillir auec bon bouillon, vn bouquet, & vn morceau du dedans d'vn citron, vn peu de mie de pain, puis les assaisonnez ; prenez bien garde qu'elles ne bruslent, remuez les fort souuent, puis les passez. Prenez en suite vostre pain & le faites mitonner auec le meilleur bouillon, qui se fait ainsi ; Apres que vous aurez defossé quelque perdrix ou chapon rosty, prenez les os & les battez bien dedans vn mortier, puis prenez du bon boüillon, faites cuire tous ces os auec vn peu de champignons, & passez le tout: & de ce boüillon mitonnez vostre pain, & à mesure qu'il mitonne arrosez le du boüillon d'amende & ius, puis y mettez vn peu de achis bien delié, soit de perdrix ou de chapon; & tousiours à mesure qu'il mitonne mettez y du boüillon d'amende iusques à ce qu'il soit plein. Prenez en suite la paëlle du feu, la faite rougir, & la passez par dessus. Garnissez de crestes, pistaches, grenades & ius, puis seruez.

11.   *Potage à la Princesse.*

Il se fait de la sorte: Prenez du mesme boüillon du potage à la Reyne tiré d'ossemens rostis, faites mitonner vn pain en crouste, & en suite vn petit achis de perdrix, que vous semerez sur vostre pain, si peu qu'il ne paroisse point, faites-le mitonuer & l'emplissez peu à peu, garnissez-le des plus petits champignons, crestes, rognons, pistaches, cistron & jus en quantité, puis seruez.

12.   *Potage à la Jacobine.*

Pour le bien faire, prenez chapons ou perdrix, faites les rostir, les desossez, & en achez le blanc bien menu. Prenez-en aussi les os, les cassez & les mettez cuire auec du bouillon dans vn pot de terre & vn bouquet, puis les passez; faites mitonner vostre pain, mettez dessus vn lit de chair ou de fromage, si vous voulez vn lit de bouillon d'amende, & le faites bien boüillir, & l'emplissez peu à peu, puis le garnissez de petits bouts d'aisles desossez par vn bout : prenez trois œufs auec vn peu de bouillon d'amende si vous en auez, ou autre, les battez ensemble, & les jettez sur vostre potage : faites y passer la paësle du feu, puis seruez.

### 13. *Potage d'estudeaux.*

Prenez estudeaux, les habillez & les faites blanchir, puis les empottez auec du boüillon bien assaisonné de sel, dressez & les garnissez de tout ce que vous aurez de reste de garniture, sur vn pain mitonné, seruez.

### 14. *Potage de sarcelles à l'hypocras.*

Prenez sarcelles & les appropriez bien, les faites blanchir, & piqué de quelque lardon dedans, les passez auec du lard ou sain-doux, puis les empottez : lors qu'elles seront presque cuittes vous jetterez dedans des brugnolles auec vn morceau de sucre, & garnirez vostre potage de ces sarcelles & brugnolles.

15. *Potage d'Alloüettes au roux.*

Prenez vos alloüettes & leur tirez les jusiers, faites-les blanchir, enfarinez-les & les passez dans la poêsle iusques à ce qu'elles soient bien rousses, puis les empottez auec bon boüillon & vn bouquet, & les faites cuire ; faites bien mitonner vn pain, que vous garnirez de vos llouettes, palais de bœuf, ius de mouton & de citron, puis seruez.

16. *Potage de pigeonneaux.*

Prenez vos pigeonneaux, faites-les bien eschauder & les empottez auec bon bouillon & vn bouquet : faites-les bien cuire auec vne barde de lard, puis les dressez sur vn pain mitonné, & les garnissez d'artichaux & asperges fricassées, poix verds ou lettuës, puis seruez.

17. *Potages de sacerlles au suc de nauets.*

Pour le faire, prenez des sarcelles & les faites rostir, puis les empottez auec bon bouillon, puis prenez des nauets les faites blanchir, les enfarinez & les passez par la poêsle en sorte qu'ils soient bien roux, mettez les auec vos sarcelles, & les faites cuire ensemble, & lors que vous voudrez dresser passez les nauets, & garnissez vostre potage de vos sarcelles & de grenade, puis seruez.

18. *Potage de beatilles.*

Prenez vos beatilles, faites les bien échauder, passez-les par la poésle comme vne fricassée de poulets, les empottez auec bon bouillon, & faites les bien consommer, faites mitonner vn pain que vous garnirez de vos beatilles auec force ius de mouton & rognon de belier, puis seruez.

19. *Potage de poulets aux choux fleurs.*

Empottez les auec bon boullion, faites les cuire auec vn bouquet, & bien assaisonné, garnissez-en vostre pain mitonné auec choux fleurs, ius de mouton, & seruez.

20. *Potage de poulets en ragousts.*

Estans rostis, escartelez-les, puis les mettez entre deux plats en guise de ragoust : faites mitonner vostre pain en crouste & le garnissez de vos poulets, mettant au tour peu de champignons & asperges, puis seruez.

21. *Potage de pigeonneaux rostis.*

Empottez les auec de bon bouillon bien assaisonné, les faites cuire ; faites en suite mitonner vos croustes & les garnisfez de vos pigeons & de ce que vous aurez à y mettre; prenez garde que voſtre potage ſoit brun, puis ſeruez

22. *Potage d'oyſon à la purée.*

Prenez oyſons ou autre choſe que vous voudrez, empottez-les & faites bien cuire, puis prenez vos poix & les faites bien cuire, paſſez les en ſuite par vne paſſoire bien deliée, & mettez voſtre purée dans vn pot auec vn bouquet, paſſez y vn peu de lard, & lors que vous voudrez ſeruir faites mitonner voſtre pain auec le bouillon de vos oyſons, puis iettez voſtre purée par deſſus, & pour rendre voſtre purée verte il ne faut laiſſer cuire vos poix tout à fait : vous les battrez dans vn mortier & les paſſerez auec bon bouillon, ou ſi c'eſt en hyuer vous prendrez de la poirée ou oſeille pillée & preſſée, & ietterez autour de voſtre potage lors que vous ſerez pres de ſeruir.

23. *Potage de petite oye d'oyſon.*

Faites les bien blanchir & les empottez auec du bouillon, vn bouquet & vne barde de lard; faites les bien cuire, & en ſorte qu'eſtant cuittes elles paroiſſent blanches, faites mitonner voſtre pain & le garniſſez de vos petites oyes, que vous blanchirez si vous voulez, & y mettrez vn peu de capres achées, puis seruez. 24. *Potage d'oysons aux poix.*

Empottez vos oysons auec vn bouillon apres les auoir bien preparez & blanchis, faites les bien cuire & les assaisonnez bien; faites passer vos poix dans la poësle, puis les mettez dans vn petit pot auec peu de bouillon, & apres qu'ils seront bien cuits, mettez mitonner vostre pain & le garnissez de vos oysons & de leurs abatis & de vos poix entiers ou passez, puis seruez garnis de lettuës.

25. *Potage d'oye salée à la purée.*

Vostre oye estant bien salée & coupée en quatre quartiers, si elle est trop salée faites là desaler puis la faites larder de gros lard & la faites bien cuire : vos poix estans cuits passez-les en purée, & la bien assaisonner : faites bouillir vostre oye vn bouillon dans cette purée, faites mitonner vostre pain d'autre bouillon & de purée. Iettez vn peu de ius de mouton par dessus pour la marbrer, puis seruez.

26. *Potage de poulets aux poix verts.*

Vos poulets estans bien échaudez & troussez empottez-les auec bon bouillon & les escumez bien ; puis passez vos poix par la poësle, & les faites mitonner auec des laictuës, que vous aurez fait blanchir, faites aussi mitonner vostre pain, & en suite le garnissez de vos poulets, poix & laittuës, puis seruez.

27. *Potage de pigeons aux poix verts.*

Il se fait de mesme que celuy des poulets, horsmis que si vous voulez vous pouuez ne point passer vos poix en purée.

28. *Potage de salé aux poix.*

Faites bien cuire vostre salé, soit porc ou oye, ou autre chose, dressez & iettez vostre purée par dessus, puis seruez.

29. *Potage de lapreaux.*

Estans bien habillez faites-les blanchir & les passez par la poësle, en suite empotez les auec bon bouillon & vn bouquet, & faites les cuire à propos ; faites bien mitonner vostre pain & le garnissez de vos lapreaux, champignons & troufles, puis seruez, & de ce que vous aurez.

30. *Potage d'abatits d'agneaux.*

Apres que vos abatits seront bien blanchis empottez-les auec bon bouillon, vn bouquet & vne barde, faites-les bien cuire & mitonner vostre pain, & quand vous serez prest à seruir iettez vn bouillon blanc par dessus, & seruez.

vous blanchirez si vous voulez, & y mettrez vn peu de capres achées, puis seruez. 24. *Potage d'oysons aux poix.*

Empottez vos oysons auec vn bouillon apres les auoir bien preparez & blanchis, faites les bien cuire & les assaisonnez bien ; faites passer vos poix dans la poësle, puis les mettez dans vn petit pot auec peu de bouillon, & apres qu'ils seront bien cuits, mettez mitonner vostre pain & le garnissez de vos oysons & de leurs abatis & de vos poix entiers ou passez, puis seruez garnis de lettuës.

25. *Potage d'oye salée à la purée.*

Vostre oye estant bien salée & coupée en quatre quartiers, si elle est trop salée faites là desaler puis la faites larder de gros lard & la faites bien cuire : vos poix estans cuits passez-les en purée, & la bien assaisonner : faites bouillir vostre oyé vn bouillon dans cette purée, faites mitonner vostre pain d'autre bouillon & de purée. Iettez vn peu de ius de mouton par dessus pour la marbrer, puis seruez.

26. *Potage de poulets aux poix verts.*

Vos poulets estans bien échaudez & troussez empottez-les auec bon bouillon & les escumez bien ; puis passez vos poix par la poësle, & les faites mitonner auec des laictuës, que vous aurez fait blanchir, faites aussi mitonner vostre pain, & en suite le garnissez de vos poulets, poix & laittuës, puis seruez.

27. *Potage de pigeons aux poix verts.*

Il se fait de mesme que celuy des poulets, horsmis que si vous voulez vous pouuez ne point passer vos poix en purée.

28. *Potage de salé aux poix.*

Faites bien cuire vostre salé, soit porc ou oye, ou autre chose, dressez & iettez vostre purée par dessus, puis seruez.

29. *Potage de lapreaux.*

Estans bien habillez faites-les blanchir & les passez par la poësle, en suite empotez les auec bon bouillon & vn bouquet, & faites les cuire à propos ; faites bien mitonner vostre pain & le garnissez de vos lapreaux, champignons & troufles, puis seruez, & de ce que vous aurez.

30. *Potage d'abatits d'agneaux.*

Apres que vos abatits seront bien blanchis empottez-les auec bon bouillon, vn bouquet & vne barde, faites-les bien cuire & mitonner vostre pain, & quand vous serez prest à seruir iettez vn bouillon blanc par dessus, & seruez.

### 31. *Potage d'allouettes à la sauce douce.*

Plumez-les & en tiré les iusiers, en suite farinez-les, & les passez par la poësle auec du lard ou sain-doux, puis les empottez auec bon bouillon, demy-septier de vin blanc & demy-liure de sucre, & faites bien cuire, faites mitonner vostre pain, garnissez-le de vos allouëttes, & seruez.

### 32. *Potage de iaret de veau.*

Empottez vostre jaret de veau auec bon bouillon, faites-le bien cuire & escumer, mettez-y de la chicorée blanche : faites mitonner vostre pain, le garnissez du jaret, chicorée & champignons, puis seruez.

### 33. *Potage de poitrine de veau.*

Faites-la blanchir, puis l'empottez auec bon bouillon, faites-la cuire, & y mettez de bonnes herbes & vn peu de capres, & le tout bien assaisonné dressez-le sur vostre pain mitonné, puis seruez.

### 34. *Potage de mouiettes.*

Troussez les & leur osté les jusiers, puis les farinez & passez par dedans la poësle, en suite faites-les empotter auec bon bouillon & faire bien cuire auec vn bouquet : faites mitonner vostre pain & le garnissez de vos mouiettes, de palets de bœuf

bœuf & champignons, puis seruez.

35. *Potage de tortuës.*

Prenez vos tortuës, leur coupez la teste & les pieds, puis les faites cuire auec de l'eau, quand elles feront presque cuittes, mettez y peu de vin blanc, des fines herbes & du lard Estant cuittes ostez leur la coquille & l'amer, coupez-les par morceaux & les faites passer par la poësle, puis faites les mitonner dans vn plat, comme aussi voftre pain auec de vostre bouillon, garnissez le de vos tortuës bien assaisonnées d'asperges coupées, de jus, & de citron, puis seruez.

36. *Potage de cochon de laict.*

Apres qu'il est bien habillé mettez le en cinq morceaux, faites les bien blanchir & les empottez auec bon bouillon, mettez y des fines herbes & vn morceau de lard, mais prenez garde qu'ils ne bouillent à sec : faites mitonner vostre pain & le garnissez de vostre cochon, la teste au milieu & les abatits au tour, puis seruez.

37. *Potage de mouton aché.*

Prenez vn membre de mouton, achez le auec graisse, & le faites mitonner dans vn pot, faites aussi mitonner vostre pain

B

dans vn plat auec le meilleur de vos bouillons & le garnissez de vostre achis, de ius, crestes, beatilles emplies d'vn pain sec, & le faites aussi bien mitonner, puis seruez.

### 38. *Potage de trumeau de bœuf.*

Faites le bien estouffer dans vn pot iusques à ce qu'il soit presque pourry de cuire, & bien assaisonné, auec vn bouquet, clou, capres, champignons, troufles : faites mitonner vostre pain, & le garnissez.

### 39. *Potage de chapon au riz.*

Prenez vn chapon, habillez le bien, & l'empottez auec bon bouillon bien assaisonné, prenez vostre riz bien épluché, lauez le bien & le faites seicher deuant le feu, puis le faites cuire auec bon bouillon peu à peu ; faites mitonner vostre pain, mettez dessus vostre chapon & le garnissez de vostre riz, si vous voulez mettez y du saffran, & seruez.

### 40. *Potage de poulets au riz.*

Il se fait de mesme sorte que le chapon, habillez les, troussez les, empottez & assaisonnez de mesme, apprestez vostre riz aussi de pareille façon : vostre pain mitonné de mesme, &c. puis seruez.

41. *Potage de trumeau de bœuf au tailliadin.*

Faites blanchir vostre trumeau, bien cuire & bien assaisonner, & du boüillon faites en aussi cuire vostre tailliadin: vous y meslerez vn oygnon piqué de cloux & vn peu de thin : en suite faites mitonner vostre pain, & le garnissez du trumeau & de vos tailliadins. Si vous voulez vous y pouuez mettre du saffran, puis seruez.

Chapon au tailliadin & de toute autre viande se fait de mesme.

42. *Potage de marmitte.*

Faites mittonner des croustes de gros pain auec du bon boüillon de vostre marmite, assaisonné de poiure, sel, & peu de persil aché, puis seruez. L'entameure de pain boüilly se sert de mesme, sans persil ny poiure si vous voulez.

43. *Potage de teste de veau fritte.*

Lors qu'elle est cuitte desossez-la & coupe-en tant de morceaux que vous voudrez, en suite la farinez & faites frire, puis faites mitonner vostre pain & le garnissez de vostre friture ; seruez le plat bien plein & garny, comme de champignons, grenade ou citrons coupez, & ius.

44. *Potage de mouto. fris aux nauets.*

Prenez les hauts bouts de poictrine, les

faites frire, & bien cuire iufques à ce qu'ils puiffent fouffrir les nauets, lefquels eftans coupez & bien frits vous mettrez auec voftre mouton, auffi bien cuit & affaifonné auec clou, fel, & vn bouquet, faites mitonner voftre pain, & dreffez : que fi voftre potage n'eft affez lié paffez y vn peu de farine, poiure blanc, & vinaigre, puis feruez.

45. *Potage de manches d'efpaule en ragouſt.*

Vos manches eftans blanchis farinez-les & paffez par la poëfle, les faites cuire dans vne terrine auec toutes les garnitures qui peuuent fouffrir la cuiffon : faites mitonner voftre pain ou crouftes auec bon bouillon, & le garniffez de vos manches, champignons, ou de ce que vous aurez, puis feruez.

46. *Potage de beccaſſes roſties.*

Eftans rofties empottez-les auec bon boüillon & vn bouquet, & les faites bien cuire ; faites auffi mitonner voftre pain & le garniffez de vos beccaffes & de tout ce que vous aurez, puis feruez.

Vous pouuez auffi le faire de mefme que de perdrix marbrée.

47. *Demie bifque.*

Prenez pigeons vn peu gros, ouurez les,

& les faites cuire de mesme que la bisque, garnissez & assaisonnez les aussi de mesme façon, en sorte qu'elle soit aussi bonne que la bisque si vous pouuez, puis seruez.

48. *Potage à la Iacobine au fromage.*

Prenez chapon garny de ses os appropriez, comme aisles & cuisses, & fromage, dont vous ferez autant de lits que de chair, & vous arroserez le tout de bouillon d'amende si vous pouuez : ou s'il n'est assez lié delayez deux ou trois œufs, & auec la paësle du feu luy donnez couleur. Or pour affermir & rendre bon bouillon pillez les os & les faites bouillir auec le meilleur de vos bouillons bien assaisonné, que vous pouuez garnir de pistaches, cistrons, ou grenades, puis seruez.

## *Table des Potages farcis.*

| | |
|---|---|
| *Patage d'estudeaux desossez farcis.* | 1. |
| *Potage de chapons farcis,* | 2 |
| *Potage de poulets farcis.* | 3 |
| *Potage de pigeonneaux farcis,* | 4 |
| *Potage de canards farcis,* | 5 |
| *Potage de iarets de veau farcis,* | 6 |

Potage de poitrine de veau farcie, 7
Potage de teste de veau desossée farcie, 8
Potage de testes d'agneaux desossées farcies, 9
Potage de membre de mouton farcy, 10
Potage d'oysons farcis, 11
Potage de perdrix farcies, 12
Potage de poulet d'Inde farcy, 13

*Maniere de faire les Potages farcis, dont la Table est cy dessus.*

1. *Potage de chapons farcis.*

Apres les auoir bien habillez, desossez les par le col, & les remplissez de toutes sortes de beatilles, comme pigeonneaux, de la chair mesme de chapon bien achée auec de la graisse de bœuf ou de mouton, & estans bien assaisonnez & troussez empottez les auec bon bouillon, les faites cuire, & mitonner vostre pain, & les garnissez de vos chapons & de toutes sortes de beatilles, & seruez.

2. *Potage d'estudeaux desossez farcis.*

Apres que vos estudeaux sont habillez, vous leur tirez l'estomach, les remplissez de godiueaux, & apres les auoir troussez & fait blanchir vous les empottez & garnissez auec bon assaisonnement, puis faites les bien mitonner, dressez & garniffez de ce que vous aurez, & feruez.

3. *Potage de poulets farcis.*

Apres qu'ils font bien habillez, leuez-en la peau auec le doigt, & les empliffez de farce compofée de veau ou blanc de chapon, auec graiffe & iaunes d'œufs, trouffez les & empottez auec bon bouillon, & vn bouquet: faites mitonner voftre pain, le garniffez de vos poulets, culs d'artichaux & afperges, puis feruez.

4. *Potage de pigeonneaux farcis.*

Eftans bien efchaudez, habillez, la peau leuée, & emplis comme les poulets, faites les blanchir & les empottez auec bon boüillon : faites les cuire à proportion & les affaifonnez auec vne barde de lard, puis mitonnez voftre pain & le garniffez de vos pigeonneaux auec leurs foyes & aifles, ius de mouton, & feruez.

5. *Potage de canards farcis.*

Prenez vos canards, les defoffez par le col, empliffez les de tout ce que vous aurez de bon, liant voftre farce auec des œufs, recoufez les & faites blanchir, puis empottez les auec bon bouillon, & les faites bien cuire & affaifonner ; faites paffer vn peu de farine pour lier voftre potage, en fuite faites mitonner voftre

B iiij

pain, le garnissez de vos canards & de tout ce que vous aurez, puis seruez.

6. *Potage de jarets de veau farcis.*

Coupez ces jarets iusques contre la longe, leuez en la peau bien proprement, & retroussez le bout du manche, puis les faites tremper dans l'eau, prenez en la chair & en ostez les nerfs, achez la auec de la graisse, lard, jaunes d'œufs, & fines herbes : le tout estant bien aché & assaisonné emplissez les & empottez auec bon bouillon, les faites cuire, & y mettez des herbes ou vn peu de chicorée blanche : faites mitonner vostre pain & le garnissez de ces jarets, que vous ferez blanchir si vous voulez, puis seruez.

7. *Potage de poictrine de veau farcie.*

Prenez poictrine de veau, y faites ouuerture par le bout d'embas, faites vne farce de peu de viande & de graisse, vne mie de pain & toute sorte de bonnes herbes, achez le tout & assaisonnez : faites blanchir cette poictrine & l'empottez auec bon bouillon ; faites la bien cuire auec caspres, chicorée ou herbes achées, faites mitonner vostre pain, le garnissez si vous voulez, & seruez.

8. *Potage de teste de veau desossee farcie.*

Estant bien échaudée, leuez en la peau, faites la cuire, & estant cuite la desossez, ostez la ceruelle & les yeux pour les remettre en leur place: achez bien la viande auec graisse & œufs pour lier la farce, puis remettez la ceruelle & les yeux: estant farcie recousez-la proprement, la faites bien blanchir, & l'empottez auec bon boüillon, puis bien cuire, & en suite prenez des pieds de veau & les passez en ragoust fendus par la moitié: faites mitonner vostre pain, & garnissez cette teste de pieds, peu de capres cuittes auec ces pieds, puis seruez.

9. *Potage de testes d'agneau desossées farcies.*

Faites de mesme qu'à la teste de veau, apres qu'elles seront bien eschaudées, leuez la peau, faites les cuire, & estans cuittes tirez-en la chair & la achez auec graisse & lard bien assaisonné : farcissez les & faites blanchir, puis les empottez auec bon bouillon, faites les bien cuire & assaisonnez auec fines herbes : mitonnez vostre pain & le garnissez de vos testes & abatis, que vous ferez blanchir si vous voulez, & seruez.

### 10. *Potage de membre de mouton farcy.*

Prenez vn membre ou deux de mouton, les defoſſez & en achez la chair bien menuë auec graiſſe & lard, puis en farciſſez la peau, & la couſez bien proprement, en ſorte que le bout du manche ſoit bien net, & le tout bien aſſaiſonné, que vous empotterez & ferez bien cuire auec vn bouquet, capres & nauets : faites mitonner voſtre pain, dreſſez, & le garniſſez de vos nauets, puis ſeruez.

### 11. *Potage d'oyſons farcis.*

Apres qu'ils ſeront habillez, tirez leur le brechet, & les farciſſez de telle farce que voudrez, puis les farinez & empottez auec bon bouillon : faites mitonner voſtre pain & le garniſſez de vos oyſons auec poix, purée, ou ce que vous voudrez, & ſeruez.

### 12. *Potage de perdrix defoſſees farcies.*

Tirez leur le brichet, & prenez du veau ou de la chair de chapon, achez là & aſſaiſonnez comme il faut, farciſſez-en vos perdriz bien proprement : empottez les auec bon bouillon, & les faites bien cuire auec vn bouquet, faites mitonner voſtre pain, & le garniſſez d'aſperges & de culs d'artichaux, puis ſeruez.

13. *Potage de poulet d'Inde farcy.*

Apres l'auoir bien habillé tirez le brichet, & prenez du veau & de la graisse que vous acherez bien menu : liez vostre farce auec des œufs & y meslez beatilles ou pigeonneaux, empotez le auec bon bouillon & le faites bien cuire, mettez y des marons, champignons, & troufles : faites mitonner vn pain, & le garnissez de ce qui est en vostre pot, puis seruez.

*Pour faire le bouquet, prenez siboulles, persil, & thin, & les liez ensemble.*

---

*Table des entrées qui se peuuent faire dans les armées ou en la campagne.*

| | |
|---|---|
| Poulet d'Inde à la framboise farcy, | 1 |
| Membre de mouton à la Cardinale, | 2 |
| Iaret de veau à l'epigramme, | 3 |
| Longe de veau à la marinade, | 4 |
| Canards en ragoust, | 5 |
| Pigeonneaux en ragoust, | 6 |
| Poulardes en ragoust, | 7 |
| Boudin blanc, | 8 |
| Saussisses de blanc de perdrix, | 9 |
| Andoüilles, | 10 |

Seruelats, 11
Poulets marinez, 12
Manches d'espaules à l'olinier, 13
Piece de bœuf à l'Angloise, 14
Poictrine de veau à l'estoffade, 15
Perdrix rosties en ragoust, 16
Langue de bœuf en ragoust. 17
Langue de porc en ragoust, 18
Langue de mouton en ragoust, 19
Queuë de mouton en ragoust, 20
Membre de mouton à la daube, 21
Poulet d'Inde à la daube, 22
Ciué de liévre, 23
Poictrine de mouton en aricot, 24
Agneaux en ragoust, 25
Haut costé de veau en ragoust, 26
Piece de bœuf à la daube, 27
Membre de mouton à la logate, 28
Piece de bœuf à la marotte, 29
Queuë de mouton rostie, 30
Piece de bœuf & queuë de mouton au naturel, 31
Cochon à la daube, 32
Oye à la daube, 33
Oye en ragoust, 34
Sarselles en ragoust, 35
Poulet d'Inde en ragoust, 36
Cochon en ragoust, 37
Longe de veau en ragoust, 38

## FRANÇOIS. 29

| | |
|---|---|
| Allouettes en ragoust, | 39 |
| Foye de veau fricaßé, | 40 |
| Pieds de veau & de mouton en ragoust, | 41 |
| Gras double en ragoust, | 42 |
| Poulets fricaßez, | 43 |
| Pigeonneaux fricaßez, | 44 |
| Fricandeaux, | 45 |
| Fricaßée de veau, | 46 |
| Ruelle de veau en ragoust, | 47 |
| Espaule de veau en ragoust, | 48 |
| Espaule de mouton en ragoust, | 49 |
| Poictrine de veau fritte, | 50 |
| Longe de chevreuil en ragoust, | 51 |
| Costellettes de mouton en ragoust, | 52 |
| Bœuf à la mode, | 53 |
| Bœuf à l'estoffade, | 54 |
| Lapreaux en ragoust, | 55 |
| Longe de porc à la sauce Robert, | 56 |
| Perdrix à l'estoffade, | 57 |
| Chapon aux huistres, | 58 |
| Allebran en ragoust, | 59 |
| Langue de mouton fritte, | 60 |
| Foye de veau en ragoust, | 61 |
| Poulets à l'estuuée, | 62 |
| Teste de veau fritte, | 63 |
| Foye de veau picqué, | 64 |
| Abbatis de poulets d'Inde, | 65 |
| Espaule de sanglier en ragoust, | 66 |

Cuisseaux de chevreuil, 67
Membre de mouton à la logate, 68
Cochon farcy, 69
Pieds de mouton fricassez, 70
Langue de mouton rostie, 71
Achis de viande rosties 72
Attereaux, 73
Achie de viande cruë, 74
Poupeton, 75
Tourte de lard, 76
Tourte de moüelle, 77
Tourte de pigeonneaux, 78
Tourte de veau, 79
Pasté de chapon desossé, 80
Pasté de gaudiueau, 81
Pasté d'assiette, 82
Pasté à la marotte, 83
Pasté à l'Angloise, 84
Pasté à la Cardinale, 85
Poulets en ragoust dans vne bouteille, 86
Tranche de bœuf fort déliée en ragoust. Toutes sortes d'autres viandes se peuuent mettre en ragoust, comme bœuf, mouton, agneau, porc de tel endroit que vous voudrez: Chevreüil, biche, marcassin: mais soignez à les bien approprier, & faire en sorte qu'elles soient de bon goust.

*Maniere d'apprester les viandes des Entrées, dont la Table est cy-dessus.*

1. *Poulet d'Inde à la Framboise.*

Apres qu'il est habillé leuez en le brichet, & tirez la chair que vous acherez auec graisse & peu de chair de veau, que vous meslerez ensemble auec ieaunes d'œufs & pigeonneaux, & le tout bien assaisonné, vous remplirez vostre poulet d'Inde auec sel, poivre, clou batu, & capres, puis le mettez à la broche & le faites tourner bien doucement; estant presque cuit, tirez le & le mettez dans vne terrine auec bon bouillon, champignons & vn bouquet: pour lier la sauce prenez vn peu de lard coupé, le faites passer par la poësle, lequel estant fondu vous tirerez, & y mettrez vn peu de farine que vous laisserez bien roussir, & delayerez auec peu de boullion & du vinaigre; la mettrez en suite dans vostre terrine auec ius de citron, & seruez : si c'est au temps des framboises, vous y en mettrez vne poignée par dessus.

2. *Membre de mouton à la Cardinale.*

Prenez membres de mouton, les battez

bien, & lardez de gros lard, puis ôstez leur la peau, la farinez & passez auec du lard, & les faites cuire auec bon bouillon, bouquet, champignons, trousle ou beatilles bien passez, & que la sauce soit bien liée, puis seruez.

3. *Iarrets de veau à l'epigramme.*

Estans bien blanchis farinez-les, passez les par la poësle auec du lard fondu ou du sain-doux: cassez les & les mettez dans vn pot auec bon assaisonnement de sel, poiure, clou & bouquet, mettez y vn oignon, peu de bouillon & de capres, puis les farinez auec de la paste & les estouffez auec le couuercle du pot, faites les cuire peu à peu pendant trois heures, apres quoy découurez les & faites reduire vostre sauce iusqu'à ce que ce qui y est en soit meilleur: mettez y des champignons si vous en auez, & seruez.

4. *Longe de veau a la marinade.*

Battez la bien, puis la lardez de gros lard, & la faite mariner auec vinaigre, poiure, sel, espice, clou, citron, oranges, oignon & romarin, ou sauge: mettez-là apres à la broche, & la faites rostir & arroser de la sauce tant qu'elle soit cuitte, & estant cuitte vous la ferez mitonner

tonner dans la sauce, que vous lierez auec chaplure ou farine nette, champignons, palets ou asperges, puis seruez.

5. *Canards en ragoust.*

Lardez les de gros lard, & les passez par la poësle, puis les empottez dans vne terrine ou vn pot, & y mettez bon assaisonnement : les laissez bien cuire, & garnissez de ce que vous trouuerez se rapporter mieux à la couleur, puis seruez.

6. *Pigeonneaux en ragoust.*

Plumez les à sec, & les vuidez & passez par la poësle auec du lard ou saindoux, empottez les auec bon bouillon, & les laissez bien cuire auec vn bouquet : estans cuits garnissez les de leurs foyes & rits de veau, le tout bien assaisonné, puis seruez.

7. *Poulardes en ragoust.*

Prenez les bien mortifiées, & les lardez de gros lard puis les passez par la poësle, empottez les auec bon bouillon & vn bouquet; les assaisonnez & laissez bien cuire auec troufles, champignons, ou quelques petits morceaux de viande rostie pour leur donner goust, garnissez les de leurs foyes, pistaches ou citron, puis seruez.

C

### 8. Boudin blanc.

Prenez boyaux de mouton, les ratissez en sorte qu'ils soient bien clairs, puis prenez quatre liures de panne, & la coupez bien menuë; prenez aussi deux blancs de chapon, les achez comme poudre, & meslez vostre panne; en suite mettez y quinze œufs, vne pinte de laict, la mie de la moitié d'vn pain blanc, assaisonnez bien le tout de l'espice de saucisses que vous trouuerez chez les Chaircuitiers toute preparée, & vn peu d'anis : que si vous ne trouuez d'espice preparée, prenez poiure, clou, sel & gingembre & les battez bien ensemble, puis entonnez le tout dans les boyaux, & les faites blanchir & rostir sur du papier gras, puis seruez.

### 9. Saucisses de blanc de perdrix.

Vos perdrix estans rosties tirez en le blanc & le achez bien menu, prenez de la panne quatre fois autant que de chair, meslez le tout ensemble bien assaisonné de mesme que le boudin blanc, mettez y aussi du laict à proportion, & entonnez le tout dans des boyaux de mouton, que vous ferez blanchir, & liés par les bouts, faites les rostir à loisir sur du papier gras; si vous voulez entonnez les dans vn boyau de petit cochon de laict ou de poulet d'Inde, puis seruez.

### 10. *Andouilles.*

Prenez fraises de veau & les decoupez auec de la panne, du lard & de la chair de porc, faites mitonner le tout ensemble dans vn pot; estant cuit & froid vous y meslerez vn peu de laict & des œufs, puis l'entonnerez dans vn gros boyau de porc, auec mesme assaisonnement qu'au boudin blanc. Faites en moitié laict & eau, puis rostir sur du papier gras, & seruez.

### 11. *Seruelats.*

Prenez vn boyau de bœuf, le ratissez bien, du lard, de la chair de porc ou mouton, ou telle autre que vous voudrez, apres l'auoir bien achée, pillez-là auec poiure, sel, vin blanc, clou, fines herbes, oygnon, peu de panne: puis entonnez & liez par le bout, & les mettez à la cheminée. Quand vous voudrez vous en seruir, faites les cuire auec de l'eau, & sur la fin vn peu de vin & de fines herbes: apres qu'ils sont cuits vous les pouuez garder vn mois. Seruez.

### 12. *Poulets marinez.*

Prenez vos poulets, les fendez en deux

& les battez, puis les faites tremper dans du vinaigre bien assaisonné. Lors que vous voudrez seruir farinez les ou y faites vne petite paste auec deux œufs & peu de farine: faites les frire auec du lard fondu, ou du sain-doux; & quand ils seront frits mettez les dans leur marinade vn peu mitonner, puis seruez.

13. *Manche d'espaule à l'oliuier.*

Cassez vos manches, les faites blanchir, essuyez; en suite estans farinez passez les dans la poësle auec du lard ou du sain-doux. Quand ils seront bien frits empotez les auec fort peu de boüillon, & y mettez vn bouquet, peu d'oygnon passé auec champignons, capres, roignons, palets de bœuf, le tout bien assaisonné, couurez les auec le couuercle, & faites vn morceau de paste molle pour le fermer de peur qu'il ne prenne de l'air, mettez les sur vn peu de braise & les faites cuire à loisir, puis seruez.

14. *Piece de bœuf à l'Angloise ou Chalonnoise.*

Ayez vne piece de bœuf de poictrine & la faite bien boüillir: côme elle est presque cuite tirez la & la lardez de gros lard, puis la mettez à la broche, vne marinade dessous, dont vous l'arroserez auec vn bouquet de sauge, que si elle ne tient à la broche, prenez des bastons & la liez par les deux bouts. Apres qu'elle est cuitte vous la tirerez & la mettrez dans vne terrine, en suite faites la mitonner auec sa marinade iusques à ce que vous soyez prest de seruir. Garnissez la de ce que vous voudrez, de capres ou de nauets, ou des deux ensemble, ou de palets, ou de persil, ou de la marinade mesme, pourueu qu'elle soit bien liée ; puis seruez.

15. *Poictrine de veau à l'estoffade.*

Prenez poictrine d'vn veau bien blanc & bien gras, mettez dessous des bardes de larde, & l'assaisonnez, puis la couurez iusques à ce qu'elle ait pris couleur & soit plus de moitié cuite : apres passez champignons, palets, capres & ris de veau, & qu'ils se meslent & acheuent de cuire ensemble.

16. *Perdrix en ragoust.*

Prenez vos perdrix, habillez les, & les picquez de trois ou quatre lardons de gros lard, puis les farinez & les passez dans la poësle auec lard ou sain-doux ; en suite faites les cuire dans vne terrine, bien consommer & assaisonner. Lors que vous voudrez seruir prenez du lard & le battez dans vn mortier, meslez le dans vostre ragoust, & seruez.

17. *Langue de bœuf en ragoust.*

Lardez la de gros lard, puis l'empottez, faites cuire, & assaisonnez de haut goust. Lors qu'elle sera presque cuite laissez la refroidir, picquez la, embrochez, & arrousez de son ragoust iusques à ce qu'elle soit rostie, & tirée faites la mitonner dans la sauce auec vn peu d'oygnon pilé, vn peu de lard, & vn peu de vinaigre, puis seruez.

18. *Langue de porc en ragoust.*

Prenez les fraisches & les passez par la poësle, puis les faites bien cuire & assaisonner de haut goust, estant presque cuites vous les repasserez auec oygnon pilé, troufles, farine seiche & vn peu de vin blanc, & les faites mitonner dans leur mesme bouillon, & estant cuittes seruez.

19. *Langue de mouton en ragoust.*

Prenez en plusieurs, & estant bien cuites farinez les & passez par la poësle, faites les mitonner auec bon bouillon, & y passez peu d'oygnon, champignons, troufles, persil ensemble, le tout bien assaisonné, auec vn filet de verjus & de vinaigre, puis feruez.

20. *Queuë de mouton en ragouft.*

Prenez-là joincte au membre, lardez la toute de gros lard, & la mettez cuire auec vne pieffe de bœuf: lors qu'elle fera à moitié cuite tirez la, l'enfarinez & la paffez par la poëfle, puis la mettez dans vne terrine auec bon bouillon, & l'affaifonnez bien de champignons, capres, palets de bœuf, & couurez, & la laiffez bien cuire, puis feruez.

21. *Membre de mouton à la daube.*

Il le faut bien larder auec gros lard, puis l'empotter auec de l'eau, & bien affaifonner : lors qu'il fera prefque cuit mettez y du vin blanc à proportion, & le faite acheuer de cuire auec fines herbes, écorce de citron ou d'orange, mais fort peu de peur de l'amertume; lors que vous le voudrez feruir garniffez le de perfil & de fleurs.

22. *Poulet d'Inde à la daube.*

Il fe fait de mefme que le membre de mouton, hors qu'il le faut bien lier auant que de le mettre cuire : mefme affaifonnement, vin blanc, &c. feruez le auec perfil.

### 23. *Ciué de liévre.*

Prenez vn liévre, descoupez-le par morceaux, l'empottez auec du bouillon, le faites bien cuire, & assaisonnez d'vn bouquet; puis estant à moitié cuit mettez y vn peu de vin, & y passez vn peu de farine auec vn oygnon & fort peu de vinaigre: seruez à sauce verte.

### 24. *Poictrine de mouton en aricot.*

Passez la par la poësle, puis l'empottez auec du bouillon & assaisonnez, & estant à moitié cuitte passez des nauets coupez en deux ou autrement, les mettez ensemble, sans oublier vn peu de lard passé auec vn peu de farine, vn oygnon aché bien menu, vn filet de vinaigre & vn bouquet, seruez à sauce courte.

### 25. *Agneau en ragoust.*

Faites le rostir, puis le mettez dans vne terrine auec vn peu de bouillon, vinaigre, sel, poiure, clou, & vn bouquet, peu de farine passée, peu d'oygnon pilé, capres, champignons, escorce de citron, ou d'orange, & le tout bien mitonné ensemble, seruez.

### 26. *Haut costé de veau en ragoust.*

Coupez le par costes, les farinez, & les passez par la poësle auec du lard, puis les empottez, & les faites cuire auec peu de bouillon, capres, asperges, troufles, & le tout bien mitonné, feruez.

27. *Piece de bœuf à la daube.*

Apres qu'elle est à moitié cuitte, lardez la de gros lard, & la remettez cuire auec le mesme bouillon si vous voulez; puis estant bien cuitte & assaisonnée, sans oublier le vin, seruez.

28. *Membre de mouton à la logate.*

Apres l'auoir bien choisi battez le bien, ostez en la peau & la chair du manche dont vous couperez le bout : le lardez auec moyen lard, le farinez & passez par la poësle auec lard ou sain-doux. Lors qu'il vous paroistra bien roux, empottez le auec vne cuillerée de bouillon bien assaisonné de sel, poiure, clou, & vn bouquet; vous y pouuez mettre capres, champignons, troufles Estouffez le d'vn couuercle fermé auec de la farine, ny trop mole ny trop dure delayée dãs de l'eau, & faites cuire sur peu de charbon l'espace de 3. heures. Estant cuit découurez le, & le garnissez de ce que vous auez à y mettre, comme roignons, culs d'artichaux, riz de veau, & sauce courte : seruez, & autour mettez citron coupé, ou grenade.

### 29. *Piece de bœuf à la marot'e.*

Estant presque cuitte lardez la de gros lard, puis faites vn pasté de paste bise de la grandeur qu'est vostre piece de bœuf bien assaisonnée de tout ce que vous voudrez, & garnie de mesme, auec capres. Lors qu'elle aura cuit fort long temps auec boüillon, passez y oygnon & ails batu, puis seruez.

### 30. *Queuë de mouton rostie.*

Estant bien cuite leuez en la peau, couurez la de sel, mie de pain, & persil aché, puis la passez par la poësle deuant le feu, puis seruez, auec verjus & persil au tour.

### 31. *Piece de bœuf, & queuë de mouton au naturel.*

Prenez vne piece de bœuf sortant de la boucherie, saupoudrez la d'vn peu de sel, non par trop de peur d'auoir affaire du boüillon, faites la bien cuire, & leuez ce qui aura esté salé comme les peaux: si vous voulez resalez la & poudrez de sel menu: seruez auec persil autour ou pain frit, & quelquefois de petits pastez, ou quelque liaison de ragoust.

La queuë de mouton au naturel se fait de mesme que la piece de bœuf, estant bien cuite oftez la peau, la poudrez de fel, & autour de perfil, & la feruez chaude.

32. *Cochon à la daube.*

Eftant bien habillé coupez le en cinq morceaux, puis y paffez peu de gros lard, & le mettez auec bouillon, vin blanc, fines herbes, oygnon, & eftant bien affaifonné feruez auec perfil.

La fauce courte y demeure en gelée pour feruir froid, & y mettez faffran fi vous voulez.

33. *Oye à la daube.*

Lardez la de gros lard, & la faite bien cuire, puis y mettez vne pinte de vin blanc, & l'affaifonnez bien de tout ce qu'il faut pour vne daube. Si vous voulez la paffer fur le gril, & la feruir coupée en quatre auec vne fauce Robert par deffus vous le pouuez.

34 *Oye en ragouft.*

Prenez vne oye, la coupez en quatre eftant bien battuë, la farinez & faites paffer par la poëfle, puis la faites cuire auec du bouillon, l'affaifonnez de toute forte d'efpice & d'vn bouquet. La garniffez de tous fes abatis, qui font foye, jufier, aifles, & col : que la fauce foit courte & liée, puis feruez.

### 35. *Sarſelles en ragouſt.*

Eſtant habillées bardez les de moyen lard, les paſſez par la poëſle & les faites mitonner auec bouillon bien aſſaiſonné, puis les paſſez auec vn peu de lard & de farine, oynon, capres, champignons, trouſles, piſtaches, & eſcorce de citron tout enſemble, puis ſeruez.

### 36. *Poulet d'Inde en ragouſt.*

Fendez le & battez, puis le picquez ſi voulez de gros lard, le farinez & paſſez par la poëſle: le mettez en ſuite mitonner dans vne terrine auec bon bouillon, bien aſſaiſonné & garny de ce que vous voudrez. Faites le cuire iuſqu'à ſauce courte, & ſerués.

### 37. *Cochon en ragouſt.*

Apres l'auoir habillé, leuez en la peau ſi vous voulez, puis le coupez en quatre, le farinez, paſſez par la poëſle, bien aſſaiſonné au gouſt: garniſſez le de capres, trouſles, champignons, & ſeruez à ſauce courte.

### 38. *Longe de veau en ragouſt.*

Eſtant bien battuë, lardez la de gros lard & l'embrochez, puis eſtant à moitié cuite mettez la mittonner auec bon bouillon, & faites vne ſauce liée auec farine & oygnon passé. Garnissez de champignons, artichaux, asperges, trousses, & le roignon découpé : seruez.

39. *Allouettes en ragoust.*

Estant habillées ostez leur le jusier & leur écrassés vn peu l'estomach, les farinez & passez auec du lard : estant bien rousses faites les mitonner, & assaisonnez de capres & de champignons. Vous y pouuez mettre escorce de citron ou jus, ou orange, ou vn bouquet. Degraissez les & seruez auec ce que vous aurez à seruir.

40. *Foye de veau fricassé.*

Coupez le par tranche fort déliées, puis le passez par la poësle auec du lard ou du beure, bien assaisonné de sel, poiure, oygnon aché bien menu, & vne goute de bouillon, vinaigre, ou verjus de grain, & pour lier la sauce mettez y chapelure de pain bien passée. Vous le pouuez seruir sans mitonner crainte qu'il ne durcisse, auec capres, champignons, & garny de ce que vous aurez.

41. *Pieds de veau & de mouton en ragoust.*

Estans bien cuits, les farinez & passez par la poisle auec du lard ou sain-doux, puis les mettez mitonner auec peu de bouillon, peu de verjus, vn bouquet, vn morceau de citron, & farine paſſée: le tout bien aſſaiſonné & la ſauce courte, meſlez y des capres, puis ſeruez.

Les pieds de mouton ſe font de meſme; Eſtans bien cuits, & le ver oſté, les farinez & paſſez auec lard ou ſain-doux, & les mettez mitonner auec peu de bouillon & verjus, vn bouquet, morceau de citron, & farine paſſée, le tout bien aſſaiſonné & ſauce courte, y meſlés des capres & ſeruez.

### 42. Gras double en ragouſt.

Eſtant bien blanc & bien cuit, coupez-le bien menu, le fricaſſez auec lard, perſil & ſiboulle, & aſſaiſonné auec capres, vinaigre, farine fritte & vn oygnon: faites le mitonner, & ſeruez.

Vous pouuez auſſi y meſler en autre façon jaunes d'œufs & verjus pour liaiſon.

### Autre façon.

Prenez le bien gras, le découpez, poudrez de ſel & de mie de pain, le faites roſtir ſur le gril, & l'aſſaiſonné de verjus de grain ou vinaigre, ou jus d'orange ou de citron, puis ſeruez.

### 43. *Poulets fricaſſez.*

Eſtans habillez, découpez par morceaux & bien lauez, faites les boüillir auec bon boüillon, & quand ils feront preſque cuits, mettez les égoutter, & puis les fricaſſez. Apres cinq ou ſix tours aſſaiſonnez les de bonnes herbes, comme perſil, ſiboulle, &c. delayez des jaunes d'œufs pour lier la ſauce, & ſeruez.

### 44. *Pigeonneaux fricaſſez.*

Apres les auoir bien eſchaudez, découpez les par morceaux & les paſſez auec du lard & beure par moitié : Eſtans bien fricaſſez jettez y ſiboulles, perſil, aſperges, poiure, ſel, clou batu, les arroſez de bouillon bien aſſaiſonné, & les ſeruez blanchis ou non.

### 45. *Fricandeaux.*

Pour les faire, prenez du veau, le découpez par petites tranches & les battez bien auec le manche du couteau : achez toutes ſortes d'herbes, graiſſe & vn peu de lard, & eſtant bien aſſaiſonnées & liées auec des œufs, les roulez parmy ces tranches de viandes, puis les faites cuire dans vne terrine ou tourtiere ; eſtant cuites ſeruez les auec leur ſauce.

### 46. Fricassée de veau.

Prenez du veau & le coupez par tranches deliées, farinez les fort peu & les passez par la poësle, & assaisonnez auec vn oygnon picqué de cloux, puis auec vn peu de bouillon mettez les mitonner, & la sauce estant liée seruez.

### 47. Ruelle de veau en ragoust.

Lardez la de gros lard, l'embrochez & la faites cuire vn peu plus de la moitié: puis la mettez mitonner auec peu de bouillon & vn bouquet, & couurez bien. Estant cuite seruez auec vne sauce liée de chapelure de pain ou de farine, & vn oygnon. Seruez la garnie de troufles & champignons.

### 48. Espaule de veau en ragoust.

Faites la blanc'ir & la farinez, puis la passez par la poësle, estant bien rousse mettez la mitonner dans vne terrine. Estant presque cuite assaisonnez la d'vn bouquet de toutes sortes, de beatilles, champignons, passez y vn peu de farine, vn peu d'oygnon aché & vn filet de vinaigre, puis seruez.

49. Espaule

### 49. *Espaule de mouton en ragouſt.*

Battez la bien & en oſtez la peau : puis la farinez & paſſez par la poëſle : en ſuite mettez la mitonner auec bon boüillon, vn bouquet & bon aſſaiſonnement, garniſſez la de ce que vous aurez ; entre-autres choſes de capres, & ſeruez.

### 50. *Poictrine de veau frite.*

Eſtant blanchie faites la cuire dans vne grande marmite ou dans vn autre pot. Il n'importe qu'elle cuiſe auec d'autre viande. Apres qu'elle eſt cuitte ouurez la en deux, & faites vne paſte auec vn peu de farine, œufs, ſel, & peu de perſil, & puis la moüillez dans voſtre appareil : faites la frire en ſuite dans du ſain-doux ou du lard fondu, & eſtant tirée jettez la deſſus vne poignée de perſil bien verd & bien ſec. Seruez.

### 51. *Longe de cheureuil en ragouſt.*

Lors qu'elle eſt bien picquée, mettez la à la broche, puis eſtant à moitié cuitte arroſez la auec poiure, vinaigre, & peu de boüillon : faites lier la ſauce, puis ſeruez.

### 52. *Coſtellettes de mouton en ragouſt.*

Découppez les, puis les battez & enfarinez, les paſſez en ſuite par la poëſle, estant passées mettez les auec bon boüillon & capres, & le tout bien assaisonné, seruez.

### 53. *Bœuf à la mode.*

Battez le bien & le lardez auec de gros lard, puis le mettez cuire dans vn pot auec bon boüillon, vn bouquet, & toutes sortes d'espices, & le tout estant bien consommé seruez auec la sauce.

### 54. *Bœuf à l'estoffade.*

Coupez le en tranche fort déliées, & estant bien battuës farinez les & les passez auec du lard : mettez les en suite dans vne terrine ou dans vn pot auec bon boüillon, le tout bien assaisonné & sauce courte, seruez.

### 55 *Lapreaux en ragoust.*

Vous les pouuez fricasser comme poulets, ou les passer par la poësle auec vn peu de farine, puis les mettez mitonner auec bon boüillon, & assaisonnez auec capres, ius d'orange ou citron, & bouquet ou siboule.

### *Autre façon.*

Lors qu'ils sont rostis découpez les en pieces, les passez par la poësle & mettez mitonner dans vn plat auec ius d'orange, capres, peu de chapelure de pain : sauce de haut goust & courte, seruez.

56. *Longe de porc à la sauce Robert.*

Lardez la de gros lard, puis la faites rostir, & l'arrosez de verjus & vinaigre auec vn bouquet de sauge. La graisse estant tombée prenez la pour fricasser vn oignon, lequel estant fricassé vous mettrez sous la longe auec la sauce dont vous l'aurez arrosée: Le tout estant vn peu mitonné ensemble, de peur qu'elle ne s'endurcisse, seruez. Cette sauce s'appelle sauce Robert.

57. *Perdrix à l'estoffade.*

Prenez vos perdrix & les lardez de gros lard, & les passez par la poësle: estant bien rousses empottez les auec bon boüillon, & les faites cuire bien assaisonnées. Pour la garniture, vous aurez troufles, champignons, asperges fricassées, auec quoy les ferez mitonner: seruez auec citron & pistaches. Si la sauce n'est assez liée, prenez vn peu de farine ou de vos liaisons, & ne la liez pas trop.

58. *Chapon aux huistres.*

Vostre chapon estant habillé & bardé de lard & de papier beuré faires le rostir, & lors qu'il rostir mettez dessous vne léche-fritte, apres que vous aurez bien nettoyé vos huistres vous les blanchirez si elles sont vieilles : estant bien nettes & blanchies passez les par la poësle auec ce qui est tombé de dessus vostre chapon, & les assaisonnez de champignons, oygnon picqué & vn bouquet. Estant bien fricassées vous osterez le bouquet, & le reste vous le mettrez dans le corps du chapon, que vous ferez mitonner auec vn peu de capres, puis seruez.

59. *Allebrans en ragoust.*

Estans habillez passez les par la poësle, puis les mettez mitonner dans vne terrine auec bon bouillon & vn bouquet, le tout bien assaisonné : estans bien cuits & la sauce bien liée, mettez y capres, champignons, troufles, & seruez.

60. *Langue de mouton fritte en ragoust & begnest.*

Prenez vos langues & les fendez par la moitié, puis les passez par la poësle, & les assaisonnez bien. Mettez les en suite dans vn plat auec verjus & muscade : Prenez apres peu de farine & la delayez auec vn œuf, & la sauce qui est dessous vos langues, que vous ietterez dans cét appareil: faites la frire auec du lard fondu ou du sain-doux : Estant frite iettez dans la poësle vne poignée de persil, & faites en sorte qu'il demeure bien verd, seruez les seiches ou bien auec vne marinade & le reste de vostre sauce.

### 61. *Foye de veau en ragoust.*

Lardez les de gros lard, & le mettez dans vn pot bien assaisonné auec vn bouquet, escorce d'orange, & capres; puis estant bien cuit, & la sauce liée, coupez le par tranche, & seruez.

### 62. *Poulets à l'estuuée.*

Découpez les bien menus & les mettez cuire auec peu de bouillon, du vin blanc & beure bien frais, assaisonnez les de siboulles & persil achez ensemble : lors qu'ils seront cuits delayez jaunes d'œufs pour lier vos poulets, & seruez.

### 63. *Teste de veau fritte.*

Estant habillée & cuite vous la désofferez, puis vous ferez vne paste auec des œufs, bien assaisonnée. Trempez y cette teste, & la mettez frire auec du saindoux : estant bien fritte poudrez la de sel, ius de citron ou verius, puis la seruez auec persil frit.

### 64. *Foye de veau picqué.*

Picquez le bien menu, puis le mettez à la broche, & faites vne marinade desfous, dont vous l'arroferez en cuifant, afin que la marinade fe tourne en fauce: Eftant cuit faites le mitonner auec capres, & feruez.

Vous pouuez vous feruir de foye de veau pour lier des fauces, & d'autres fois pour faire du boudin gris.

### 65. *Abbatis de poulets d'Inde.*

Faites les blanchir & cuire auec bon bouillon, lors qu'ils feront prefque cuits, paffez les auec du lard & bon affaifonnement, que la fauce foit courte, & puis feruez.

### 66. *Efpaule de fanglier en ragouft.*

Lardez la de gros lard, puis la mettez dans vne chaudiere pleine d'eau, auec fel, poiure, & vn bouquet. Prenez bien garde de ne la trop affaifonner parce qu'il faut reduire le bouillon à vne fauce courte. Eftant plus de moitié cuitte vous y mettrez vne pinte de vin blanc, du clou, & vne feuille de laurier ou vn bafton de rofmarin: puis eftant bien cuitte, & la fauce courte, vous la lierez: Et pour ce faire faites fondre du lard & y paffez vn peu de farine, puis mettez y vn oygnon aché bien menu, faites luy faire vn tour ou deux de poêfle, & le verfez dans voftre sauce, que vous ferez mitonner auec capres & champignons, & le tout estant bien assaisonné seruez.

### 67. *Cuisseaux de cheureuil.*

Ils se peuuent faire de mesme que l'espaule de sanglier : comme aussi la longe & l'espaule ; ou bien apres les auoir lardez de gros lard vous les pouuez passer par la poësle pareillement auec du lard & de la farine, apres quoy vous les ferez cuire auec du bouillon, & lierez la sauce de mesme.

### 68. *Membre de mouton à la logate.*

Voyez en la page 41. article 28.

### 69. *Cochon farcy.*

Il le faut prendre soubs la mere, le saigner dans de l'eau preste à bouillir, le peller, le couper entre les cuisses, leuer la peau, la queuë, les pieds, & la teste, puis les mettre tremper iusques à ce que vous en ayez affaire. Pour le corps vous le trouuerez apres : Pour le farcir, prenez du veau & graisse de bœuf, fraisez les bien en façon de gaudiueau, puis vous en emplirez la peau auec champignons passz, pigeonneaux, riz de veau, vn brin de fines herbes, enfin de tout ce que vous aurez, iusques à ce qu'elle ait la forme de cochon; vous recouserez ce qui sera ouuert, le trousserez & ferez blanchir dans l'eau, tout prest à mettre à la broche. Vne heure & demye deuant disner l'embrocherez au trauers de la teste, l'enuelopperez auec du papier beuré, & le lierez par les deux bouts auec des éclisses de bois, & à mesure qu'il cuira l'arroserez de beure : Estant cuit vous le déuelopperez & osterez le filet en sorte qu'il ne paroisse auoir esté farcy, puis seruez.

Pour le corps de ce cochon, estant habillé faites le blanchir, mais fort peu, picquez le bien, & le faites rostir comme s'il estoit entier, ou comme vn agneau, estant cuit vous le pouuez seruir auec vne sauce verte.

70. *Pieds de mouton fricassez.*

Estans bien cuits, coupez les fort menus, & les passez par la poësle auec du lard ou du beure. Ayant fait trois ou quatre tours mettez y siboulle & persil achez ensemble. Incontinent apres mettez y fort peu de bouillon, & assaisonnez bien le tout. Estant prest à seruir délayez des œufs à proportion de vostre viande, comme pour quatre pieds trois œufs, auec du verjus de grain ou commun : vous y pouuez mettre groiselle au lieu de verjus de grain : puis voſtre ſauce eſtant courte meſlez y voſtre liaiſon, & ſeruez.

Les pieds de mouton ſe font de meſme : Prenez les fort blancs & bien cuits; coupez les bien menus, & oſtez le ver qui eſt dans les pieds, puis les fricaſſez & aſſaiſonnez auec perſil & ſiboulle achez enſemble : faites voſtre liaiſon comme deſſus, meſlez la, & ſeruez.

71. *Langues de mouton roſties.*

Habillez les & coupez par la moitié, puis les arroſez pour faire tenir deſſus mie de pain & ſel menu, & les mettez ſur le gril: faites vne ſauce auec peu de bouillon, beure frais, ſiboulles & perſil entier, peu de chappelure, ſel, poiure, muſcade, le tout paſſé enſemble; puis faites mitonner les langues auec la ſauce. Eſtant preſt de ſeruir garniſſez voſtre aſſiette ou plat, ſi c'eſt en hyuer, de capres, ius de citron, ou champignons, puis ſeruez.

*Autre façon.*

Eſtans cuittes aſſaiſonnez les & coupez par la moitié, puis les faites frire auec vne paſte. Seruez auec ius de citron, perſil frit, & garniſſez.

### Autre façon en ragoust.

Nettoyez les bien, leuez en les palets, & les fendez, mettez aussi par dessus mie de pain & sel menu, faites les rostir, & apres qu'elles seront rosties les mettez dans la lechefritte sous le rost : faites vne sauce auec persil, sibouille ou oygnon achez menu, beure frais & verjus de grain : & lors que vous serez prest à seruir delayez jaune d'œuf dans vostre sauce & la iettez dessus vos langues, puis seruez promptement.

### Autre façon.

Prenez vos langues à moitié cuites, habillez les, puis les faites mitonner dans vn pot auec du bouillon, & les passez par la poësle auec lard fondu, peu de farine, oygnon aché, le tout bien assaisonné : seruez les garnies de ce que vous aurez, entre autre de capres achées, auec sauce courte.

### Autre façon.

Vos langues estans rosties & picquées, seruez les mitonnées dans vne sauce courte liée comme cy dessus. Ou bien vous les pouuez faire mitonner auec vne sauce douce.

72. *Achis de viande rostie.*

Achis de viande rostie, soit galimaffrée ou autre, se fait ainsi: Ayant leué la peau vous couperez l'espaule pres du manche, dessosserez le manche, & mettrez la peau deuant le feu; puis vous dessosserez pareillement la pallete & acherez la viande bien menuë auec capres & persil, ce qu'estant fait faites la mitonner auec vne siboulle ou vn oygnon picqué, le tout bien assaisonné: & pour rendre vostre achis plus delicat, mettez y vn peu de mie de pain & de beure fraiz, si vous voulez: Mettez le dans vn plat ou sur vne assiette, & l'arrosez de son ius ou d'autres, & la peau par dessus, puis seruez. Vous pouuez le garnir de grenade, citron, ou pain cuit.

Achis de perdrix se fait de mesme, à la reserue que vous le pourrez nourrir de jus, & garnir de ce que vous iugerez à propos.

73. *Attereaux.*

Prenez vne ruelle de veau, la coupez par tranches fort déliées aux endroits où il n'y a point de filets. Faites picquer vos tranches & les mettez cuire dans vne tourtiere couuerte, puis auec peu de boüillon faites les mitonner, liez voſtre ſauce, & les ſeruez garnis.

74. *Achie de viande cruë.*

Prenez telle viande que vous voudrez oſtez en les filets, & la achez bien, blanchie ou non, peu apres meſlez y deux fois autant de graiſſe de bœuf d'aupres du roignon ayant oſté le filet ; puis le tout bien aché & bien aſſaiſonné la delayez auec du bouillon, & la faites mitonner. Vous la pouuez garnir de marons, ou de ce que vous aurez propre à garnir. Eſtant cuit ſeruez auec graiſſe.

75. *Poupeton.*

Prenez chair de veau & graiſſe de bœuf ou mouton, la achez bien enſemble, & aſſaiſonnez, meſlez y des œufs pour lier la farce, & en ſuite coupez trois ou quatre bardes de lard, ſur leſquelles vous eſtendrez voſtre chair achée, que vous couurirez de pigeonneaux, beatilles, riz de veau, aſperges, champignons, jaunes d'œufs, roignons, creſtes, artichaux, & au deſſus de tout cela vous y mettrez encore de la chair, & le tout eſtant bien aſſaiſonné le ferez cuire, puis ſeruez.

76. *Tourte de lard.*

Prenez du lard, le découpez, & le faites fondre entre deux plats, assaisonnez le de mesme que la tourte de moëlle, que vous trouuerez en l'article suiuant, estant cuite seruez.

### 77. Tourte de moüelle.

Prenez de la mouëlle & la faites fondre, estant fonduë passez la, & y meslez sucre, jaunes d'œufs, pistaches, ou amendes pillées; faites en suitte vne abbaisse fort déliée de paste fine, sur laquelle vous mettrez vostre appareil, bandez la si vous voulez: faites la cuire, & la seruez sucrée.

### 78. Tourte de pigeonneaux.

Faites vostre paste fine & la laissez reposer: puis prenez vos pigeonneaux, les nettoyez, & les faites blanchir. S'ils sont trop gros coupez les, & prenez gaudiueaux, asperges, champignons, culs d'artichaux, moëlle de bœuf, iaunes d'œufs, cardes, palets de bœuf, troufles, verius de grain ou groiselles. Garnissez vostre tourte de ce que vous auez, sans oublier l'assaisonnement, puis seruez.

### 79. Tourte de veau.

Prenez vn morceau de veau, le faites blanchir, & le achez auec deux fois autant de graisse: estant bien assaisonné faites vne abbaisse de paste fine, mettez dessus vostre viande, au milieu de laquelle vous mettrez ce que vous aurez, comme beatilles, &c. sucrez si vous voulez, puis estant cuite seruez.

80. *Pasté de chapon desossé.*

Vostre chapon estant desossé farcissez le de toutes sortes de beatilles, andoüillettes, champignons, trousles, moëlle, capres, cardes, riz de veau, & godiueaux, estant farcy dressez le sur paste fine, le bandé de papier beuré, le liez auec vn fil, & le couurez bien assaisonné. Estant cuit seruez.

81. *Pasté de gaudiueau.*

Dressez vne paste en oualle, la garnissez de vos gaudiueaux, au milieu desquels vous mettrez toute sorte de garniture, comme champignons, foyes de chapons gras, cardes, iaunes d'œufs durs, riz de veau, & assaisonnerez le tout. Bandez le de paste par dessus, & lors qu'il sera cuit seruez auec sauce de verius, iaunes d'œufs, & muscade.

82. *Pasté d'assiette.*

Prenez chair de veau & graisse de bœuf ou de mouton, faites en vne façon de gaudiueaux, puis dressez vostre paste bien proprement à hauteur de demy pied, & l'empliſſez d'vn lict de chair, & au deſſus vn autre lict de champignons, vn autre de carde ou de cardeaux, ou pigeonneaux, palets de bœuf, roignons & iaunes d'œufs, en ſorte que le lict de deſſus ſoit de vos godiueaux, couurez le & aſſaiſonnez, puis ſeruez.

83. *Paſté à la marotte.*

Prenez farine de ſeigle que vous ſallerez, faites en voſtre paſte, & l'ajuſtez en forme de paſté. Vous prendrez en ſuite vn liévre ou deux, & deux membres de mouton auec vn peu de graiſſe, que vous acherez enſemble bien menu, & aſſaiſonnerez : Faites en ſuite voſtre paſté, auquel pardeſſus vous laiſſerez vn ſouſpirail : lors qu'il aura cuit trois heures tirez le & ſe rempliſſez de bon bouillon, remettez le au four, & lors qu'il ſera entierement cuit ſeruez.

84. *Paſté à l'Angloiſe.*

Prenez vn levraut ou vn liévre, achez le bien auec graiſſe de bœuf ou de mouton, ou meſme de blanc de chapon ; meſlez bien le tout enſemble, & aſſaiſonnez : mettez y ſi vous voulez des capres & du ſucre. Faites ainſi voſtre paſte, lors qu'elle sera farinée estendez la, & la pliez en trois ou quatre comme vne seruiette, mettant du beure frais sur chaque lict de paste, en sorte que pour vne liure de paste il y ait vne demye liure de beure, à proportion. Ainsi accommodée, laissez la reposer quelque peu, & faites en suite vostre pasté, que vous garnirez au dehors de papier beuré. Faites le bien cuire, le dorez, & seruez.

### 85. *Pastez à la Cardinale.*

Faites vos pastez fort haut & fort estroits, emplissez-les de gaudiueaux, & les couurez en sorte que le couuercle soit aussi fort haut. Puis les seruez principalement pour garniture à vne piece de bœuf, ou sur vne assiette.

### 86. *Poulets en ragoust dans vne bouteille.*

Desossez entierement vn poulet, mettez en la peau dans vne bouteille, & laissez dehors l'ouuerture du col, que vous lierez au goulot de cette bouteille : faites en suite telle farce que vous voudrez auec champignons, troufles, riz de veau, Pigeonneaux, asperges, & jaunes d'œufs, dont vous emplirez la peau du poulet ou du chapon, que vous lierez & laisserez aller dans cette bouteille, qu'il faut boucher

boucher de paste. Vous ferez cuire vostre ragoust bien assaisonné dans la marmitte, dont vous l'osterez peu auant que de seruir, & mettrez mitonner deuant le feu. Et quand vous serez prest de seruir, coupez cette bouteille auec vn diamant, en sorte que le bas demeure plein & entier, puis vous seruirez.

---

*Memoire des viandes qui se peuuent seruir au Second.*

| | |
|---|---|
| *Le Faisan,* | 1. |
| *La Genillotte,* | 2 |
| *Le Rouge,* | 3 |
| *La Tourte,* | 4 |
| *Le Leuraut,* | 5 |
| *La Caille,* | 6 |
| *La Perdrix,* | 7 |
| *Le Chapon,* | 8 |
| *Pigeonneaux,* | 9 |
| *Poulaits de grain,* | 10 |
| *Poulet d'Inde,* | 11 |
| *Allebrans,* | 12 |
| *Bisets,* | 13 |
| *Estudeaux,* | 14 |
| *Aigneau,* | 15 |

E

Sarcelles, 16
Oyson, 17
Marcassin, 18
Lapreaux, 19
Mauuiettes, 20
Ralle, 21
Perdreaux, 22
Cailleteaux, 23
D'Indonneaux, 24
Pluuiers, 25
Longe de Cerf, 26
Filet de Cerf, 27
Longe de Cheureuil, 28
Ortolans, 29
Griues, 30
Beccasses, 31
Beccassines, 32
Pigeons ramiers, 33
Longe de veau, 34
Cochon picqué, 35
Oye sauuage, 36
Oye priuée, 37
Poulettes d'eau, 38
Chapon au cresson, 39
Cochon de laict au naturel, 40
Cus blancs, 41
Heron, 42
Rable de liéure, 43

FRANÇOIS. 67

Espaule ou longe de sanglier, 44
Porc priué, 45. Faon de biche, 46
Faon de cheureuil, 47. Filet de Cheureuil, 48
Poictrine de veau farcie, 49
Haut costé de mouton. 50
Longe de mouton, 51
Alloyau, 52
Langue de bœuf fraische, 53
Membre de mouton à la Royalle, 54
Membre de mouton farcy, 55
Poularde grasse, 56
Batteurs de paué, 57
Espaule de veau rostie, 58
Foye de veau, 59
Allouettes, 60
Canard sauuage, 61.

*Maniere d'accommoder & seruir les viandes susdites.*

Auant que de discourir sur la façon d'apprester les viandes, ie vous donne aduis de garnir vos plats de fleurs, selon les saisons & la commodité; & qu'à la fin de cette partie vous trouuerez comme il faut faire les sauces, dont il est fait mention dans quelques vns des discours qui suiuent.

E ij

### 1. *Le faisan.*

Faites le blanchir sur le feu & luy laissez vne aisle, le col, la teste, & la queuë; picquez le & enueloppez ce qui est de plume auec du papier beuré: faites le cuire, seruez & le deueloppez.

### 2. *La Genillotte.*

Elle s'accommode de mesme.

### 3. *Le Rouge.*

Il s'accommode aussi de mesme.

### 4. *La Tourte.*

Lors qu'elle est habillée faites la picquer, & la mettrez à la broche.

### 5. *Leuraut.*

Estant habillé faites le blanchir sur le feu, ensaignez le de son sang, le picquez & l'embrochez. Estant cuit, seruez auec vne poiurade ou vne sauce douce.

### 6. *La Caille.*

Estant habillée faites la blanchir, & la bardez d'vne barde de lard, que vous couurirez de feuilles de vignes en leur saison, estant cuitte seruez.

### 7. *La Perdrix.*

Estant habillée & blanchie, il la faut bien picquer, faire cuire, & estant cuite seruez.

### 8. Chapon.

Apres que vous l'aurez habillé, s'il est gras par exceds bardez le d'vn papier gras, & mettez dedans vn oygnon picqué, du sel, & peu de poiure: estant cuit, seruez.

### 9. Pigeonneaux rostis.

Au sortir de la volliere saignez les dans l'eau, puis les échaudez & habillez. Vous les bardez si vous voulez auec feuilles de vignes, ou les picquez; estans rostis mettez poiurade dessous, & seruez.

### 10. Poulets de grain.

Il les faut plumer à sec, habiller, & faire blanchir sur le feu. Cela fait, picquez les ou bardez, faites les rostir, puis seruez.

### 11. Poulet d'Inde.

Il se plume pareillement à sec; faut le blanchir sur le feu, puis rostir, & seruez.

### 12. Allebrans.

Habillez les & faites bien blanchir sur le feu, & si vous voulez faites leur quatre rosettes: estans cuits seruez auec poiurade, ou sauce douce.

### Le Bizet.

Estant bien habillé, picquez le, mettez le à la broche, & feruez.

### 14. *Eftudeaux.*

Prenez vos eftudeaux, les habillez, & faites blanchir fur le feu, puis les picquez, & faites cuire, & feruez.

Vous les pouuez feruir fecs ou auec vne faulce faite d'eau, fel, poiure, & fiboulle achée.

Vous les pouuez auffi mettre en ragouft de mefme façon que la poularde, dont vous trouuerez cy deffous le difcours en l'article 54.

### 15. *Aigneau.*

S'il eft gras, eftant rofty iettez vn peu de mie de pain par deffus auec peu de fel & de perfil fi vous voulez, & feruez.

### 16. *Sarcelles.*

Eftant bien habillées mettez les à la broche, & lors qu'elles feront cuites, feruez auec orange.

### 17. *Oyfon.*

Sortant d'auec la mere efchaudez le & habillez, luy couppez le col proche du corps & les iambes : puis eftant blanchy & trouffé, mettez-le roftir, & faites vne farce pour mettre deffous auec fon foye, & quantité de bonnes herbes hachées enfemble, que vous pafferez en fuite par la poêsle auec du lard ou du beure, & quelques jaunes d'œufs, le tout bien assaisonné, seruez.

### 18. *Marcassin.*

Despoüillez-le iusques à la teste, habillez, & faites blanchir sur le feu, luy coupez les quatre pieds, le picquez, & mettez dans le corps vne feüille de laurier, ou fines herbes. Estant rosty, seruez.

### 19. *Lapreau.*

Habillez-le, faites-le blanchir sur le feu, le picquez, & le faites rostir ; du verjus dessous, & seruez.

Estant cuit vous pouuez mettre du sel, peu de poiure & jus d'orange dans le corps, & bien remuer tout ensemble, & seruir.

### 20. *Mauuiette.*

Estant plumée, troussez-là, & faites blanchir, la picquez, & mettez à la broche ; mettez dessous vne rostie & vne sauce auec verjus, peu de vinaigre, oygnon & écorce d'orange, puis seruez.

### 21. *Ralle.*

Elle s'accommode de mesme que la Mauuiette, sans vuider, seruez

### 22. *Perdreaux.*

Habillez-les, & faites blanchir sur le

feu, faites-les picquer & roſtir, auec verjus deſſous, puis ſeruez.

### 23. *Cailleteaux.*

Il faut les barder auec fueille de vigne
dans la ſaiſon.

### 24. *Dindonneaux.*

Eſtans plumez chaudement, laiſſez les
mortifier, habillez-les en ſuitte, faites
blanchir ſur le feu, picquez & faites roſtir, puis ſeruez.

### 25. *Pluuier.*

Eſtant plumé, le trouſſez, & le faites
blanchir, faut en ſuite le larder, & faire
roſtir : ſeruez auec vne ſauce, & roſties
deſſous.

### 26. *Longe de Cerf.*

Oſtez toutes les peaux, la picquez &
mettez à la broche, ſeruez auec vne poiurade.

### 27. *Filet de Cerf.*

De meſme que la longe, auec poiurade.

### 28. *Longe de Cheureuil.*

De meſme auſſi que la longe de Cerf,
& auec poiurade.

### 29. *Ortolan.*

Eſtant habillé, trouſſez-le, & bardez de
lard auec fueilles de vignes en la ſaiſon;

FRANÇOIS. 73

Au Printemps il le faut vuider : eſtant roſty, ſeruez.

### 30. *Griue.*

Habillez-la comme la Mauuiette, & meſme ſauce.

### 31. *Beccaſſe.*

Eſtant plumée, trouſſez-là auec ſon bec, qui luy ſert de brochette, la faites blanchir ſur le feu, & picquer : mettez-la roſtir, & deſſous vne roſtie, façon de poiurade, & jus d'orange, puis ſeruez.

### 32. *Beccaſſine.*

Elle s'accommode de meſme que la Beccaſſe.

*Autre façon de Beccaſſine.*

Accommodez la de meſme que l'Ortolan cy-deſſus, hors que quelques perſonnes les vuident ; ie le iuge bien à propos, en tout autre temps qu'en Hyuer, d'autant que les animaux dans les trois ſaiſons de Printemps, Eſté, & Automne, ne viuét que de chenilles, fourmis, poulx, herbes ou feuilles d'arbres ; mais enfin vuidées ou non, bardez-la de fueilles de vignes en la ſaiſon, embrochez & faites roſtir en ſorte qu'elle ne ſoit trop ſeiche, & ſeruez.

### 33. *Pigeon ramier.*

Estant habillé faites le blanchir sur le feu, le picquez & faites rostir; vne poiurade dessous, & seruez.

### 34. *Longe de veau.*

Estant mortifiée & blanchie, picquez-la bien menu, faites-la rostir, & faites vn ragoust auec verjus, peu d'eau, peu de vinaigre, écorce d'orange, & chapelure de pain, puis la seruez bien assaisonnée.

### 35. *Cochon picqué.*

Despoüillez-le, coupez-luy la teste & les quatre pieds, le faites blanchir & picquer, ou si vous voulez, bardez-le par moitié : Estant rosty, seruez auec mie de pain & sel par dessus.

### 36. *Oye sauuage.*

Estant habillée faites-la blanchir, & lardez-la seulement sur les quartiers en façon de rosettes, faites-la rostir, & serués.

### 37. *Oye priuée.*

De mesme que la sauuage.

### 38. *Poulette d'eau.*

Estant plumée, vuidez-la, faites-la blanchir, picquer & rostir, vne poiurade dessous, & seruez.

### 39. *Chapon au cresson.*

Bardez & faites rostir vostre chapon,

assaisonnez voſtre creſſon auec ſel & vinaigre ; ou autrement, faites le amortir dans la ſauce de chapon auec peu de vinaigre, puis ſeruez.

### 40. *Cochon de laict au naturel.*

Prenez-le deſſous la mere, l'eſchaudez, & faites habiller & roſtir auec vn bouquet, ſel & poiure dans le corps, puis ſeruez.

*Autre façon.*

Prenez-le auſſi deſſous la mere, le ſaignez dans l'eau preſte à bouïllir ; puis eſtant pelé, vuidez-le par le coſté, trouſſez les pieds de deuant vers le col, & ceux de derriere auec vne brochette : faites-le blanchir dans l'eau chaude, & le cizelez ſur le corps : pour le faire cuire, mettez dans l'eſtomach vn oygnon picqué de cloux, fines herbes, vn peu de beure, ſel, & peu de poiure, puis recouſez l'ouuerture, & le faites roſtir. Pour n'auoir point la peine de l'arroſer, frottez-le d'huile d'oliue : par ce moyen il prend bonne couleur, & a la coine fort delicate : Eſtant bien cuit ſeruez-le garny de fleurs.

Vous pouuez l'arroſer auec du ſel & de l'eau, ou bien le frotter auec du lard.

### 41. *Cus blancs, ou Thiaſtias.*

Plumez-les, y laiſſant la teſte, & vuidez: trouſſez-leur les iambes comme d'vne beccaſſe, puis faites blanchir, & picquez, ou ſi vous voulez en roſette Eſtans roſtis feruez auec vne poiurade deſſous.

### 42. *Heron.*

Plumez-le, & le vuidez : en ſuite vous chercherez ſix ameres qui ſont ſur ſon corps, & vn autre faiſant le ſeptieſme qui eſt au dedans : trouſſez les iambes le long des cuiſſes, faites-le blanchir & le picquez, enueloppez le col auec du papier beurré, puis le faites roſtir; & eſtant cuit, feruez.

### 43. *Rable de lieure.*

Lors que vous en aurez oſté la peau, & vuidé, coupez-le en rable, c'eſt à dire iuſques aux eſpaules : En ſuite oſtez trois peaux qui ſont deſſus, puis trouſſez le derriere, le faites picquer & roſtir : & feruez auec vne poiurade.

### 44. *Eſpaule ou longe de ſanglier.*

Apres l'auoir bien battuë, oſtez-en la venaiſon, qu'on appelle communément le lard, picquez-la en ſuite, faites roſtir, & feruez auec vne ſauce Robert, ou vne poiurade.

Pour la longe de sanglier lardez-la de gros lard, & la passez auec sain-doux & farine: puis la faites cuire auec du boüillon & de l'eau dans vne grande terrine, ou vne chaudiere: assaisonnez-la bien, & estant presque cuite, mettez-y vne pinte de vin blanc, & le tout estant reduit à la proportion d'vne sauce, vous pouuez la seruir sous l'espaule, ou si vous la voulez seruir seiche, faut qu'elle soit de plus haut goust.

### 45. *Porc priué.*

Vous le pouuez déguiser à peu prés de mesme que le sanglier, c'est à sçauoir qu'apres l'auoir bien battu, vous l'ensaignerés & peu apres le picquerez, le mettrez à la broche, sans oublier de bien ensaigner les pieds deuant qu'il soit cuit, le seruez de mesme que le sanglier, auec sauce ou non.

### 46. *Faon de biche.*

Auant que d'estre trop mortifié, habillez le bien proprement, le troussez, & ostez quelques peaux qui sont par dessus, & paroissent comme de la glaire: Puis le faites blanchir sur le feu pour le picquer, en sorte qu'il ne soit trop blanchy, d'autant que cela vous causeroit trop de peine à larder. Prenez garde auſſi de bruſler la teſte, ou que le poil n'en deuienne noir. Mettez le à la broche, & enueloppez la teſte auec vn papier beurré. Eſtant cuit, feruez-le auec vne poiurade.

### 47. *Faon de cheureuil.*

Habillez-le de meſme ſorte que celuy de biche, le trouſſez & lardez, enueloppez auſſi la teſte de papier beurré ; & eſtant cuit, ſeruez le auec vne poiurade, orange, ou ſauce douce.

### 48. *Filet de cheureuil.*

Apres l'auoir picqué faites le roſtir enueloppé d'vn papier beurré, eſtant cuit ſeruez-le auec vne poiurade.

### *Autre façon.*

Vous le pouuez larder auec du moyen lard, & le picquer par deſſus : Eſtant à la broche faites vne marinade par deſſous : Et lors qu'il ſera cuit, faites le mitonner, & ſeruez.

### 49. *Poictrine de veau farcie.*

Choiſiſſez la blanche & graſſe, & faites la tremper dans l'eau iuſques à ce que voſtre farce ſoit faite, laquelle vous ferez ainſi. Prenez de la viande de ruelle de veau, graiſſe de bœuf, mie de pain boüillie, capres, champignons, peu de fines herbes, iaunes d'œufs, achez le tout ensemble bien assaisonné, & en farcissez la poictrine. Ce qu'estant fait, brochetez la ou cousez, & la faites blanchir dans l'eau chaude. Ce que dessus est pour la seruir bouïllie.

Pour rostir, mettez en vostre farce pallés de bœuf, & autres choses, & ne l'emplissez pas tant que pour bouïllir : Estant picquée & à la broche, faites dessous tel ragoust que vous voudrez : Estant cuite & la sauce bien assaisonnée, faites la mitonner auec, & seruez.

50. *Haut costé de mouton.*

Pour le seruir en ragoust, par cottelettes, ou entier, il le faut passer par la poësle estant fariné, puis le faites mitonner auec du bouïllon, vn bouquet & des capres. Et pour lier la sauce, passez vn peu de farine auec du lard, & lors que la farine sera rousse, mettez-y vn oygnon aché, & vn filet de vinaigre, faites aussi mitonner le tout ensemble, & seruez garny de ce que vous aurez.

Vous pouuez le faire rostir picqué de persil; & estant cuit, seruez le tout sec, ou auec du verjus de grain.

### 51. *Longe de mouton.*

Eſtant bien mortifiée lardez la de gros lard, & la mettez à la broche. Faites vne marinade auec oygnon, ſel, poiure, fort peu d'écorce d'orange ou citron, bouillon & vinaigre, lors qu'elle eſt cuite faites la mitonner auec la ſauce, pour laquelle lier vous vous ſeruirez de peu de farine paſſée comme à l'article precedent. Garniſſez la de ce que vous aurez. Les capres y ſont bonnes, & quelques enchois. Vous pouuez lui donner la liaiſon de nauets paſſez, ſeruez.

### 52. *Alloyau.*

Prenez vn alloyau de la premiere piece, & le choiſiſſez bien entrelardé, auec graiſſe fort blanche, mettés le à la broche. Eſtant preſque cuit, leuez le filet, & arroſez le de peu de bouillon. Pour faire voſtre ragouſt, coupez le en tranches fort deliées, auec deux ou trois ſiboulles entieres ou autrement, ſel, poiure, peu de chapeleure de pain, ou quelque liaiſon que vous ayez, puis meſlez le tout enſemble, & faites mitonner ſans couurir : ſeruez le ragouſt auec peu de vinaigre ou jus, vous y pouuez meſler de ce que vous aurez : prenez garde que l'Alloyau ne ſoit

soit noir à force de trop cuire.

### 53. *Langue de bœuf fraische.*

Faites-la cuire, ou la prenez cuite chez la Tripiere, l'habillez, la picquez, & la faites roſtir. Eſtant roſtie, fendez la par la moitié, & ſeruez auec tel ragouſt que vous voudrez.

### *Autre façon.*

Faites la mitonner auec peu de vin, ſucre, & clou, iuſques à ce que la ſauce douce ſoit faite, & ſi elle n'eſt aſſez forte, mettez-y vne pointe de vinaigre, puis ſeruez.

### 54. *Membre de mouton à la Royalle.*

Choiſiſſez vn bon membre de mouton, qu'il ſoit gros & court: Battez le bien, en oſtez la peau, & deſoſſez le manche. Farinez le & le paſſez auec du lard ou ſaindoux; puis le faites cuire auec vn peu de bon boüillon bien aſſaiſonné, auec champignons, troufles, beatilles. Eſtant preſque cuit, paſſez vn peu de farine auec vn oygnon, vn filet de vinaigre, & vn peu de lard battu, faites mitonner le tout enſemble, ſeruez auec ſauce courte, & garny de grenade ou citron coupé.

### 55. *Membre de mouton farcy.*

Vous trouuerez la façon de le farcir

au discours des Potages. Estant farcy faites le mitonner auec bon boüillon, vn bouquet, passez-y farine, champignons, & cottelettes pour garnir, faites bien cuire le tout ensemble, & liez bien la sauce auec telle pointe que vous voudrez, citron, orange, ou verjus. Seruez le garny de ce que vous aurez par dessus vos cottelettes.

56. *Poularde grasse.*

Estant bien choisie, habillez la, coupez en les extremitez, & la lardez de moyen lard. Estant farinée, passez la par la poësle auec lard & sain-doux, puis la faites mitonner auec de bon bouillon, & l'assaisonnez. Estant presque cuite, passez-y champignons, foye gras, peu de farine, & vn oygnon picqué de cloux : Le tout estant bien cuit, & la sauce bien liée, vous la pouuez seruir garnie de grenades.

*Autre façon.*

Vous pouuez la farcir d'huistres, ou de pigeonneaux, & de toutes autres beatilles; faites la cuire de mesme sorte, & garnissez de ce que vous aurez, puis seruez.

*Autre façon.*

Coupez la par la moitié, la passez par la poësle, l'assaisonnez, & garnissez

comme cy-deuant, puis feruez.
*Autre façon.*

Eſtant picquée ou bardée auec vn papier : Eſtant bien cuite, parſemez la de mie de pain & ſel menu ; puis la ſeruez auec ſauce au pauure homme, verjus ou orange, & en Hyuer creſſon.

57. *Batteurs de paué.*

Pour les mettre en ragouſt. coupez en la teſte & les pieds. Eſtans habillez, lardez les de moyen lard, les farinez & paſſez dans la poëſle : puis les faites mitonner auec boüillon bien aſſaiſonné, vn bouquet & champignons : paſſez-y vn peu de farine & d'oygnon, & lors que le tout ſera bien mitonné, ſeruez auec ſauce liée.

58. *Eſpaule de veau roſtie.*

Eſtant bien blanchie à l'eau, ou ſur le feu, ce qui ſera le plus propre & le meilleur, picquez la ou la bardez, ou ſi vous voulez en cuiſant arroſez la de beurre, eſtant cuite mettez deſſus vne mie de pain, & ſel menu, & ſeruez.

Vous la pouuez ſeruir roſtie auec vne poiurade.

59. *Foye de veau.*

Lardez le de moyen lard, puis le pic-

F ij

quez, faites chauffer la broche à l'endroit où il doit demeurer, & à mesure qu'il rostit, arrosez le d'vne poiurade, siboule, sel, oygnon picqué, poiure, & vn peu de boüillon. Estant cuit, faites le mitonner dans la sauce, puis le seruez entier, ou par tranches, & la sauce bien liée.

### 60. *Alloüettes.*

Faites les rostir picquées ou bardées. Estant cuites, si elles sont bardées, parsemez les de mie de pain, & sel menu, & seruez.

### 61. *Canard sauuage.*

Vous le pouuez mettre de la mesme sorte que le Batteur de paué, cy dessus, & auec telle garniture que vous voudrez.

Vous pouuez aussi le faire rostir, & le seruir auec vne poiurade.

*Maniere d'apprester quelques sauces, dont il est fait mention dans les discours du Second.*

La sauce nommée poiurade se fait auec vinaigre, sel, oygnon, ou siboule, écorce d'orange, ou de citron & poiure, faites la cuire, & la seruez sous vos viandes où elle est propre.

La sauce verte se fait ainsi. Prenez du bled verd, faites brusler vne rostie de pain, auec du vinaigre, vn peu de poiure & de sel, & pillez le tout ensemble dans vn mortier, & le passez, puis seruez vostre sauce sous vos viandes.

La sauce au lapreau, ou lapin de garenne est telle, qu'estant cuits vous mettez du sel & du poiure dans le corps auec vn jus d'orange, & remuez bien le tout ensemble.

Pour les perdreaux, orange ou verjus de grain.

Autre sauce propre à la mauuiette & à la ralle, est que vous mettez des rosties sous vostre broche, & lors que vos oyseaux sont presque cuits, vous ostez vos rosties, les mettez à part, & prenez vinaigre, verjus, sel, poiure, & écorce d'orange, faites boüillir le tout ensemble, & ayant mis vos rosties dedans, vous seruez.

La Griue & la Beccasse se seruent auec rosties, & vne poiurade dessous.

Le Pluuier se sert auec vne sauce qui se fait de verjus, écorce d'orange, ou de citron, vn filet de vinaigre, poiure, sel, & siboule, sans y oublier des rosties.

F iij

La Beccassine de mesme.
Le Ramier auec vne poiurade.
Le Cochon & Aigneau auec sauce verte.

### Table des entremets pour les iours de viande.

| | |
|---|---|
| Pieds & oreilles de porc, | 1 |
| Menus droits de cerf, | 2 |
| Pasté de venaison, | 3 |
| Tranche de pasté, | 4 |
| Pasté de jambon, | 5 |
| Trouffles en ragoust, | 6 |
| Trouffles seiches, | 7 |
| Trouffles au naturel, | 8 |
| Omelettes de beatilles, | 9 |
| Riz de veau frits, | 10 |
| Riz de veau picquez, | 11 |
| Riz de veau en ragoust, | 12 |
| Foye de Cheureuil, | 13 |
| Foye de Cheureuil en Omelette, | 14 |
| Tetines de Cheureuil, | 15 |
| Tetines de vache, | 16 |
| Choux fleurs, | 17 |
| Cresme de pistache, | 18 |
| Iambon en ragoust, | 19 |

## FRANÇOIS.

| | |
|---|---|
| Iambon rosty, | 20 |
| Iambon en tranche, | 21 |
| Mauuiette, | 22 |
| Poulets marinez, | 23 |
| Abbatis d'Aigneaux, | 24 |
| Allouettes en ragoust, | 25 |
| Gellée, 26. Gellée de corne de Cerf, | 26 |
| Gellée verte, | 27 |
| Gellée rouge, | 28 |
| Gellée iaune, | 29 |
| Gellée violette, | 30 |
| Gellée bleuë, | 31 |
| Blanc manger, | 32 |
| Sallade de citron, | 33 |
| Achis de perdrix, | 34 |
| Rissolles frittes, | 35 |
| Rissolles feuilletées, | 36 |
| Baignets de moëlle, | 37 |
| Baignets de pommes, | 38 |
| Baignets d'artichaux, | 39 |
| Pets de putain, | 40 |
| Paste filée, | 41 |
| Paste de citron, | 42 |
| Paste d'amande, | 43 |
| Paste de pistache, | 44 |
| Ramequin de roignons, | 45 |
| Ramequin de chair, | 46 |
| Ramequin de fromage. | 47 |

Ramequin de suye de cheminée, 48
Ramequin d'oygnon, 49
Ramequin d'aulx, 50
Ortolans, 51
Langue de bœuf en ragoust, 52
Langue de porc en ragoust, 53
Langue de porc parfumée, 54
Langue de porc grillée en ragoust, 55
Langue de bœuf, 56
Pigeonneaux, 57
Foye gras, 58
Foye gras sur le gril, 59
Foye gras cuit dans les cendres, 60
Foye gras frit en baignets, 61
Beatilles, 62
Tourte de franchipanne, 63
Nulle, 64
Nulle ambrée, 65
Nulle verte, 66
Artichaux fricaßez, 67
Artichaux frits, 68
Artichaux à la poiurade, 69
Artichaux en cus, 70
Champignons, 71
Champignons farcis, 72
Champignons frits, 73
Champignons à l'oliuier, 74
Omelette de iambon, 75

FRANÇOIS. 89

Tortuës, 76
Tourte de pistache, 77
Oeufs à la Portugaise, 78
Oeufs mignons, 79
Oeufs filez, 80
Oeufs à la Varenne, 81
Oeufs de neige, 82
Oeufs à la Huguenotte, 83
Cardons d'Espagne, 84
Asperges à la sauce blanche, 85
Asperges en ragoust, 86
Asperges à la cresme, 87
Langue de mouton en ragoust, 88
Langue de mouton picquée, 89
Langue de mouton sur le gril, 90
Salade de grenade, 91
Hure de sanglier, 92
Tranche de Hure, 93
Tranche de Hure en ragoust, 94
Poix verts, 95
Roignons de Belier, 96
Palets de bœuf, 97
Arbolade, 98
Pigeonneaux, 99
Griues, 100
Perdreaux, 101

Vous vous souuiendrez en seruant l'entremets de garnir vos plats de fleurs de saison, & serez aduertis qu'apres les discours suiuans vous trouuerez la maniere de faire les liaisons, & jus de champignons, auec d'autres petites curiositez assez vtiles, voire mesme necessaires à ceux qui veulent seruir les Grands auec honneur & accueil.

## Discours des Entre-mets.

### 1. Oreilles, & pieds de porc.

Estans bien cuits, passez-les par la poësle auec peu d'oygnon, & les assaisonnez bien : Mettez-les mitonner dans vn petit pot auec vn peu de boüillon, & lors que la sauce sera bien liée, mettez y vn filet de vinaigre auec de la moutarde, s'il en est saison, & seruez.

### 2. Menus droits de cerf.

Estans bien habillez mettez les cuire dans vn pot, & lors qu'ils seront bien cuits, faites les mitonner auec du vin, en suite passez les par la poësle auec du lard, le tout bien assaisonné, puis les remettez mitonner entre deux plats auec peu d'oygnon, & bon boüillon, & quand la sauce sera fort courte, seruez.

### 3. Pasté de venaison.

Si la chair en est dure, battez la, ostez les peaux de dessus, & la lardez de gros lard, assaisonné de sel, poiure, vinaigre, & clou battu. Si c'est pour garder, faites vostre paste de farine de seigle, sans beurre, sel & poiure: faites cuire vostre pasté l'espace de trois heures & demie: estant cuit bouchez auec de la paste le trou que vous auez laissé pour donner vent, & seruez par tranches.

### 4. Tranche de pasté.

La façon en est de chercher le costé où le lard paroistra le plus, puis estant coupé fort delié, le seruir.

### 5. Pasté de jambon.

Faites le bien détremper, & lors qu'il sera assez dessalé, faites le boüillir vn boüillon, & ostez la peau d'autour, que vous appellez la coine: Puis le mettez en paste bise, comme la venaison, & l'assaisonnez de poiure, clou, & persil ; si vous me croyez, vous le larderez aussi de mesme que la venaison, faites le cuire à proportion de sa grosseur : s'il est gros, pendant cinq heures ; s'il est moindre, moins de temps, & ainsi à mesure qu'il sera gros ou petit. Estât froid, seruez le par trâches.

### 6. *Trouffles en ragoust.*

Pelez les bien proprement, en sorte qu'il n'y demeure point de terre, les coupez fort deliées, & les passez auec peu de lard, ou s'il est iour maigre, auec du beurre, peu de persil aché, & vn peu de bouillon; estans bien assaisonnées faites les mitonner, en sorte que la sauce soit peu liée: Et seruez les sur vne assiette garnie de grenade & citron, si vous en auez, de fleurs & de fueilles.

### 7. *Trouffles seiches.*

Lauez les bien auec du vin, faites les cuire auec du gros vin, vn peu de vinaigre, sel & poiure à quantité. Estans bien cuites, laissez les reposer dans leur bouillon, pour leur laisser prendre sel, puis seruez les dans vne seruiette pliée ou non.

### 8. *Trouffles au naturel.*

Estant bien lauées auec du vin, faites les cuire auec sel & poiure, puis estant bien cuits, seruez les dans vne seruiette pliée, ou sur vn plat garny de fleurs.

### 9. *Omelette de beatilles.*

Prenez vos beatilles, qui sont crestes, roignons, & aisles de pigeonneaux, faites les bien cuire, & estant cuites & assaisonnées, mettez les à sec; Ayez des œufs dont vous osterez plus de la moitié des blancs, battez les, & estans bien battus, mettez dedans vos beatilles bien nettes, puis prenez du lard, & le coupez par morceaux, le passez par la poësle, & auec vostre lard fondu, mesme auec les morceaux, si vous voulez faites vostre omelette bien espaisse, & non trop cuite, & seruez.

### 10. *Riz de veau frits.*

Qu'ils ne soient point trop vieux, faites les tremper dans l'eau, & bien blanchir, & en suite secher. Coupez les par tranches, & assaisonnez de sel, farinez, & faites frire auec du sain-doux, ou lard fondu, en sorte qu'ils soient bien iaunes & secs, mettez y vn jus d'orange ou de citron, & les seruez proprement.

### 11. *Riz de veau picquez.*

Choisissez les plus beaux que vous pourrez, & les mieux faits, faites les blanchir dans de l'eau froide, les picquez, & les mettez à vne brochette : faites les rostir bien proprement, & estans rostis, seruez les auec vn jus de citron par dessus.

### 12. *Riz de veau en ragoust.*

Apres les auoir fait blanchir découpez

les par morceaux, & les passez par la poësle, ou tous entiers si vous voulez, auec du lard, & bien assaisonnez auec persil, siboule entiere, champignons, & trouffles, & apres estre bien mitonnez auec bon bouillon, & la sauce estant courte, & bien liée, seruez.

### 13. *Foye de Cheureuil.*

Estant sorty tout chaud du corps du cheureuil, coupez le par petites tranches, le passez par la poësle auec du lard, ostez les cretons, le fricassez bien, & assaisonnez auec peu de persil, & vne siboule entiere. Mettez le mitonner auec peu de bouillon, puis seruez auec la sauce bien liée.

### 14. *Foye de Cheureuil en Omelette.*

Vous pouuez faire aussi vne omelette du foye de cheureuil, en cette façon. Estant tiré de la beste, achez le bien menu, en faites vostre omelette auec du lard, & faites en sorte qu'elle ne soit pas trop cuite, mais aussi qu'elle le soit assez, & seruez.

### 15. *Tetine de Cheureuil.*

Apres l'auoir bien fait blanchir, coupez la par ruelles, & la faites frire auec jus de citron, ou la mettez cuire auec quelque ragoust. Estant cuite, achez la bien menu, & en faites vne omelette auec du lard, puis seruez auec jus de citron.

### 16. *Tetine de vache.*

Faites la bien cuire, & lors qu'elle sera bien cuite decoupez la par tranches, & en garnissez vos entrées, ou les passez par la poëlle auec fines herbes, & siboule entiere; assaisonnez bien le tout, & le faites mitonner auec le meilleur de vos bouillons, en sorte qu'il soit de haut goust, & la sauce bien liée, puis seruez.

### 17. *Choux fleurs.*

Estant bien nettoyez, faites les cuire auec du sel, & vn morceau de graisse ou de beurre : estans cuits, pelez les, & les mettez auec du beurre bien frais, vn filet de vinaigre, & vn peu de muscade, pour vous seruir de garniture. Si vous voulez les seruir seuls, mettez les de mesme, & lors que vous serez prests de seruir, faites vne sauce aussi auec bon beure bien frais, vne siboule, sel, vinaigre, muscade, & que la sauce soit bien liée. Que si c'est en charnage, mettez y quelques iaunes d'œufs, dont pourtant vous pourrez vous passer, si la sauce est bien tournée par quelque personne : puis garnissez vostre affiette tout chaudement, mettez voſtre ſauce par deſſus, & ſeruez.

### 18. *Creſme de piſtache.*

Prenez vne poignée de piſtaches pilées, & vne chopine de laict, faites le bouillir auec vn appareil de farine que vous y meſlerez. Eſtant preſque cuit, délayez ſix jaunes d'œufs auec vos piſtaches, & vn peu de beurre bien frais; mettez le tout dans vn poiſlon auec quantité de ſucre, & peu de ſel. Si vous voulez, mettez y muſc ou ambre appropriez, auſſi auec ſucre à quantité, mais fort peu de muſc: battez bien le tout enſemble; & ſeruez garny de fleurs.

### 19. *Iambon en ragouſt.*

Eſtant cuit ou non, coupez en des tranches fort deliées, puis les mettez dans la poëſle auec fort peu de vin; faites les en ſuite mitonner auec peu de poiure, peu de chapelure de pain fort deliée, & jus de citron, puis ſeruez.

### 20. *Iambon roſty.*

Coupez le par tranches, & le mettez tremper auec vn peu de bouillon, & vn filet de vinaigre: faites le tiedir, puis le tirez, & mettez mie de pain deſſus & deſſous: faites le bien roſtir, & apres que la ſauce

sauce aura boüilly vn bouillon, mettez la
dessous, puis seruez bien garny de fleurs
ou de fueilles.

### 21. *Iambon en tranche.*

Estant bien cuit, coupez le de bon sens,
& fort delié, puis seruez.

### 22. *Mauuiettes.*

Habillez les bien proprement, coupez
en les aisles, les jambes & le col, & leur
ostez le jusier, les applatissez vn peu, puis
les farinez & fricassez auec du lard : En
suite, mettez les mitonner auec du bouillon bien assaisonné, & vn petit bouquet;
estant bien cuites, & la sauce liée, seruez
les auec vn ius de citron par dessus, & les
garnissez autour d'vn citron entier decoupé.

### 23. *Poulets marinez.*

Lors qu'ils seront bien habillez, fendez
les en deux s'ils sont petits, cassez leur les
os, & les mettez mariner auec vinaigre,
sel, poiure, siboule, & écorce de citron :
Laissez les y tremper iusques à ce que
vous en ayez affaire : Et alors mettez les
esgouter, farinez les, & faites frire dans
du sain-doux, ou du lard : estant frits,
mettez les mitonner fort peu auec leur
marinade, puis seruez auec la sauce courte.

G

### 24. *Abbatis d'Aigneaux en ragoust.*

Prenez les pieds, les oreilles & la langue, passez les par la poësle auec vne siboule & persil, puis mettez les mitonner auec de bon boüillon : Estant presque cuits, mettez y des capres achées, asperges rompuës, jus de champignons, ou trouffles, & assaisonnez bien le tout. Seruez proprement auec la sauce bien liée, & garniture de fueilles & de fleurs, & sur tout, que vos abbatis soient bien blancs.

### 25. *Allouettes en ragoust.*

Estant bien plumées, tirez en les iusiers, applatissez les, farinez, & passez par la poësle, puis les mettez mitonner auec bon bouillon, vn bouquet, & peu de capres hachées, le tout bien assaisonné: Estant bien cuites, & la sauce bien liée, feruez auec pistaches ou grenades, & tranches de citron.

### 26. *Gellée.*

Pour faire de la gelée, prenez vn cocq, ostez en la peau ; prenez aussi vn iarret & quatre pieds de veau, les cassez, & les faites blanchir, puis les empottez dans vn pot neuf, & faites cuire l'espace de deux heures & demie : & le tout estant presque cuit, cherchez du vin blanc bien clair, &

l'y mettez: Lors qu'il y sera entierement, passez & pressez vostre viande, prenez vostre bouillon, & le mettez dans vn poëslon sur le feu. Estant prest de bouillir mettez y cinq quarterons de sucre; & lors qu'il boult, iettez y le jus de six citrons,& les blancs de demy quarteron d'œufs bien frais: apres que le tout aura boulu, mettez le dans vne chausse bien claire, & meslésde telle couleur que vous voudrés, musquez & seruez.

26. *Gellée de corne de Cerf.*

Prenez chez vn Espicier, ou chez vn Coutelier de la corne de cerf râpée à proportion: Pour en faire trois plats, il en faut deux liures, mettez la cuire auec du vin blanc l'espace de deux heures, en sorte qu'estant bouillie, il en reste pour faire vos trois plats. Passez la bien auec vne seruiette, & apres la mettez dans vne poësle auec vne liure de sucre, & le jus de six citrons: Estant preste de bouillir, meslez y les blancs de douze œufs bien frais; & si tost qu'ils y seront, vous mettrez le tout dans la chausse, & la serrerez dans vn lieu frais: Seruez la naturelle, & la garnissez de grenades, & tranches de citron.

G ij

### 27. *Gelée verte.*

Vous prenez voſtre gelée ordinaire, ainſi que nous l'auôs decrite cy deſſous, & prenez chez vn Eſpicier de la couleur verte que vous meſlerez auec voſtre gelée, puis ſeruez.

### 28. *Gelée rouge.*

Voſtre gelée ſortant de la chauſſe, mettez la tremper auec de la betraue fort rouge, bien cuite, & rappée. Paſſez le tout enſemble, & le mettez froidir, puis ſeruez, & garniſſez d'autre couleur.

### 29. *Gelée iaune.*

De meſme.

### 30. *Gelée violette.*

De meſme.

### 31. *Gelée bleuë.*

Auſſi de meſme.

### 32. *Blanc manger.*

Prenez le plus trouble de voſtre gelée, mettez le tiedir auec des amandes bien pilées : paſſez les enſemble, & y meſlez vne goute de laict, ſi elle ne ſe trouue aſſés blanche. Eſtant froide, ſeruez, & garniſſez d'autre couleur.

### 33. *Salade de citron.*

Prenez des citrons telle quantité que vous voudrez, pelez les, & coupez par tranches fort deliées, mettez les auec du sucre, & fleurs d'orange & de grenade, puis seruez proprement.

### 34. *Achis de perdrix.*

Vos perdrix estant rosties, leuez en le blanc, achez le bien menu, delayez le auec bon boüillon, & l'assaisonnez : En suite faites le mitonner auec vne siboule, & lors que vous voudrez seruir, adjoustez y vn iaune d'œuf, & vn ius de citron, & le garnissez de ce que vous voudrez, comme pistaches, grenade, & citron decoupé, puis seruez.

### 35. *Rissolles frittes.*

Prenez blancs de perdrix, ou d'autre viande, achez la bien menu, & assaisonnez : faites en suite vostre abaisse fort deliée, & en accommodez vos rissolles, que vous ferez frire dans du sain-doux, ou lard fondu.

### 36. *Rissolles feuilletées.*

Elles se font de mesme que les autres, hormis qu'il faut que la viande en soit vn peu plus grasse : Estans bien assaisonnées, faites les bien proprement cuire, & seruez.

Vous pouuez aussi faire des rissolles de toute autre viande de mesme façon que cy dessus. Seruez les sucrées, & eaux de senteur par dessus.

### 37. Baignets de moëlle.

Auant que de vous specifier les diuerses façons de baignets, il faut icy vous en donner vn modele general.

Prenez du fromage, le battez bien dans vn mortier ou dans vn plat, que s'il est fort rassis, mettez y vn peu de laict: en suite, de la farine & des œufs à proportion, assaisonnez le tout de sel, & le passez auec du sain-doux, ou aux iours maigres auec du beurre affiné: Seruez auec quantité de sucre, & peu d'eau de fleurs d'orange, ou d'eau rose par dessus.

Si vous voulez faire baignets de moëlle, prenez les plus gros morceaux de moëlle que vous aurez: estans trempez, coupez les par tranches, ajustez les dans vostre paste, faites les frire, & seruez de mesme.

### 38. Baignets de pommes.

Ils se font de mesme que ceux de moëlle.

### 39. Baignets d'artichaux.

Mettez vos artichaux en culs, faites les cuire à moitié, & en ayant osté le foin, coupez les par tranches: faites vn appareil auec de la farine & des œufs, du sel,

& peu de laict, puis mettez vos artichaux dedans, & lors que voſtre ſain-doux eſt chaud, mettez les dedans tranche à tranche, faites les bien frire, & ſeruez.

### 40. *Pets de putain.*

Faites voſtre paſte de baignets plus forte qu'à l'ordinaire, par le moyen d'augmentation de farine & d'œufs, puis les tirez fort menus, & lors qu'ils ſeront cuits ſeruez les chauds auec ſucre, & eau de ſenteur.

### 41. *Paſte filée.*

Prenez du fromage, & le broyez bien. Prenez auſſi autant de farine, & peu d'œufs, le tout aſſaiſonné, faites le cuire dans vn poëſlon; eſtant cuit, filez la paſte de telle ſorte que vous voudrez, puis la faites frire, & la ſeruez en pyramide auec ſucre, & eauës de ſenteurs.

### 42. *Paſte de citron.*

Elle ſe fait de meſme ſorte que celle que nous auons appellé filée, hormis que vous y meſlez du citron, faut la ſeruir comme la premiere, bien garnie de fleurs.

### 43. *Paſte d'amendes.*

De meſme que la paſte filée.

G iiij

### 44. *Paste de pistaches.*

Aussi de mesme.

### 45. *Ramequin de roignon.*

Tirez le roignon d'vne longe de veau cuite, achez le auec persil ou ail, & vn iaune d'œuf : puis estendez vostre appareil bien assaisonné sur du pain que vous ferez rostir dans la poësle, & seruirez le tout sec ou sucré.

Vous pouuez faire rosties de roignon de veau quasi de mesme, hormis qu'il n'y faut mettre ny persil ny oygnon : mais le roignon estant bien assaisonné, vous l'estendez sur vos rosties, ausquelles vous ferez aussi donner couleur dans la poësle : & en seruant vous les pouuez sucrer, & mesme mesler du sucre dans l'appareil si vous voulez.

### 46. *Ramequin de chair.*

Prenez telle viande que vous voudrez, achez la bien menuë, & estant achée, delayez la auec vn œuf, & l'assaisonnez comme il faut : faites les rostir dans la poësle, & seruez auec vn jus de citron.

### 47. *Ramequin de fromage.*

Prenez du fromage, faites le fondre auec du beurre, oygnon entier, ou pillé, sel & poiure à force, estendez le tout sur du pain passé : la paisle du feu par dessus, & seruez chaud.

48. *Ramequin de suye de cheminée.*

Vostre pain estant passé peu plus de moitié par le beurre ou huile, poudrez le de suye, auec sel & force poiure par dessus, & seruez chaud.

49. *Ramequin d'oygnon.*

Prenez vos oignons, & les faites piller dans vn mortier, auec sel & poiure à force : vous y pouuez mettre anchois bien fondus auec peu de beurre, vos oygnons estans sur le pain passé dans l'huile ou dans le beurre : passez la paisle du feu bien rouge par dessus, & seruez.

50. *Ramequin a'aulx.*

Il faut faire de mesme qu'au Ramequin d'oygnon.

51. *Ortolans en ragoust.*

Habillez les & les passez par la poësle, estans passez, mettez les mitonner dans vn petit pot auec peu de bouillon, & les assaisonnez bien : pour lier la sauce, meslez y riz de veau, jus de viande, & de champignons, & le tout estant bien cuit, seruez garny de pistaches & grenades.

52. *Langue de bœuf en ragoust.*

Vous trouuerez la façon de l'accommoder au discours des Entrées, art. 17.

### 53. *Langue de porc en ragoust.*

Estant sallée & cuite, coupez la fort deliée, & la mettez mitonner auec peu de boüillon, puis la passez par la poësle auec du lard fondu, oygnon pilé, & vn filet de vinaigre: ce qu'estant fait, seruez auec vn ius de citron, & garnissez de capres, & de tout ce que vous aurez. Meslez y dans la saison verjus ou groseilles.

### 54. *Langue de porc parfumée.*

Estant cuite, seruez la seiche, & la garnissez de ce que vous voudrez, soit fleurs, ou autre chose. Vous la pouuez ouurir par la moitié.

### 55. *Langue de porc grillée en ragoust.*

Faites la cuire à moitié sallée, & en suite griller; faites y aussi telle sauce que vous voudrez, pourueu qu'elle soit bien liée, & bien assaisonnée, puis seruez.

Vous la pouuez picquer & faire cuire à la broche, l'arrosant d'vne marinade que vous ferez dessous, bien assaisonnée, & auec telle quantité de sel que vous jugerez à propos; estant cuite, seruez.

### 56. *Langue de bœuf.*

Faites la cuire sallée auec de l'eau, & sur la fin mettez y du vin: Estant cuite, pelez la, & lors que vous ferez preft de feruir, la coupez par ruelles, ou la fendez, puis feruez.

### 57. *Pigeonneaux.*

Pour les mettre en ragouft, prenez les fortans de deffous la mere, tuez les, & échaudez auffi-toft, puis eftans habillez, blanchis & farinez, paffez les par la poëfle, & enfuite mettez les mitonner dans vn pot auec bon bouillon bien affaifonné, & vn bouquet: faites en forte qu'ils foient bien cuits, & la fauce liée. Seruez auec capres achées, champignons, riz de veau, & de tout ce que vous pouuez auoir d'affortiment aux pigeonneaux.

### 58. *Foye gras en ragouft.*

Choififfez les plus gras & les plus blonds, nettoyez les, & iettez dans l'eau chaude pour ofter l'amertume, mais les retirez auffi-toft; Eftans effuyez, paffez les par la poëfle, & mettez mitonner auec peu de bouillon, perfil, & fiboule entiere; eftans cuits, oftez la fiboule, & feruez la fauce bien liée: vous y pouuez mettre trouffles, champignons & afperges.

### 59. *Foye gras fur le gril.*

Mettez le fur le gril, & le poudrez de mie de pain & de fel. Eftant rofty, iettez vn ius de citron par dessus, & seruez.

60. *Foye gras cuit dans la cendre.*

Il faut le barder & le bien assaisonner de sel, poiure, clou battu, & vn bouquet fort petit, puis l'enuelopper auec quatre ou cinq fueilles de papier, & le mettre cuire dans les cendres comme vn coing. Estant cuit, prenez garde de perdre la sauce en le remuant; ostez les fueilles de dessus, & le seruez auec celles de dessous si vous voulez, ou sur vne assiette.

61. *Foye gras frit en baignets.*

Vous pouuez iuger comment il le faut accommoder pour le seruir en cette sorte par les discours precedens de ragousts, de fritures, & de baignets.

62. *Beatilles.*

Prenez aisles, foyes, & crestes, le tout estant bien blanchi, faites cuire les crestes à part; & estant cuites, les pelez; en suite faites mitonner le tout ensemble auec bon bouillon bien assaisonné, & lors que vous serez presque prest de seruir, fricassez vos crestes & vos beatilles auec de bon lard, vn peu de persil, & siboules achées; remettez les mitonner dans leur bouillon, iusqu'à ce qu'il faille seruir:

vous y pouuez mesler des iaunes d'œufs.
Seruez.

63. *Tourte de franchipanne.*

Prenez vn chaudeau de laict, & faites voſtre appareil pour faire voſtre creſme, en cette ſorte : prenez vn peu de farine, que vous ferez cuire auec voſtre laict; eſtant cuite, prenez cinq iaunes d'œufs, & meſlez le tout enſemble, auec piſtaches battuës, amandes, peu de ſel, & quantité de ſucre; faites en ſuite voſtre paſte, la détrempez auec blancs d'œufs, & ſel, & laiſſez la repoſer. Faites en ſix abbaiſſes fort deliées, & les beurrez l'vne apres l'autre, eſtendez voſtre creſme deſſus vos ſix abbaiſſes, & faites en encore ſix autres, & les mettez l'vne apres l'autre bien beurrée, & particulierement celle de deſſus, pour luy donner couleur. Eſtant cuite dans vne tourtiere, ou ſur vne aſſiette, la changez en vne autre, & la ſucrez, puis ſeruez auec fleurs.

Vous pouuez faire la tourte de franchipanne de toute autre ſorte de creſme, & la ſeruir de meſme ſorte que celle cy-deſſus.

64. *Nulle.*

Prenez vne douzaine de iaunes d'œufs,

& deux ou trois blancs, mettez y peu de crefme, vn peu de fel, & beaucoup de fucre; battez bien le tout enfemble, & en fuite le paffez dans vne paffoire, puis le mettez fur vne affiette, & dans vn plat, & lors que vous eftes preft à feruir, faites la cuire; eftant cuite, feruez auec fucre, & eaux de fenteur, & garniffez de fleurs.

### 65. Nulle ambrée.

Prenez crefme ou laict bien frais, delayez iaunes d'œufs, fort peu de fel, fucre, mufc, ou ambre: & lors que vous eftes preft de feruir, faites vn lict de voftre appareil, & vn lict de jus, & fucceffiuement iufques au nombre de cinq ou fix: puis paffez la paifle rouge par deffus, garniffez de fucre & mufc, ou eau de fleur d'orange, & feruez.

### 66. Nulle verte.

Elle ne differe point des precedentes qu'en couleur, laquelle vous donnerez ainfi qu'à la gellée, dont vous auez la methode cy-deuant.

### 67. Artichaux fricaffez.

Coupez les prefque en culs, oftez en le foin, & les iettez dans l'eau boüillante pour les blanchir, faites les feicher, & les farinez, puis les paffez auec fain-doux, ou beurre affiné ; seruez les chauds, & garnissez de persil frit, pour lequel frire il est necessaire qu'il soit bien vert, & qu'il ne soit point moüillé.

### 68. *Artichaux frits.*

Découpez les en quatre, nettoyez les, & ostez en le foin, puis les faites blanchir dans l'eau chaude, puis les mettez essuyer & les farinez auec de la farine & du sel menu, faites bien chauffer le sain-doux où beurre affiné, ou lard fondu, & estant bien chaud, mettez y vos artichaux, & les faites bien frire ; mettez les apres égoutter, & mettez dans vostre friture vne poignée de persil bien vert, que vous mettrez sur vos artichaux estant bien sec, & seruez.

### 69. *Artichaux à la poiurade.*

Coupez vos artichaux par quartiers, ostez en le foin, & les faites blanchir dans de l'eau bien fraische, & lors que vous voudrés seruir, mettés les sur vn plat auec poiure & sel, puis seruez.

### 70. *Artichaux en cus.*

Ostez toutes les fueilles de vos artichaux, & coupez les iusques au foin, puis les faites cuire auec boüillon, ou auec de l'eau, du beurre & du sel : estans cuits, tirez les de leur bouillon, efpluchez & oftez le foin: mettez les en fuite auec du beurre & du fel, & lors que vous voulez feruir, faites vne fauce auec du beurre bien frais, vn filet de vinaigre, mufcade, & vn iaune d'œuf pour lier la fauce, puis feruez en forte qu'ils foient bien blancs.

71. *Champignons en ragouft.*

Eftans bien nettoyez, paffez les par la poëfle auec du beurre bien frais, perfil aché, & fiboule: affaifonnez les, & mettez mitonner, & lors que vous ferez preft de feruir, mettez y ius, écorce de citron, & vn peu de blanc manger, puis feruez.

72. *Champignons farcis.*

Choififfez les mieux faits pour tenir la farce que vous ferez de quelques viandes ou bonnes herbes, en forte qu'elle foit delicate, & liée auec iaunes d'œufs: puis vos champignons eftans farcis & affaifonnez, mettez les dans vn plat fur vne barde de lard, ou fur vn peu de beurre, faites les cuire, & feruez garnis de jus de citron.

73. *Champignons frits.*

Faites les blanchir, & en fuite effuyez; puis les marinez auec vn peu de vinaigre, fel, poiure, & oygnon, & lors que vous ferez serez presque prest de seruir, faites vne paste delayée auec iaunes d'œufs; faites frire vos champignons, seruez, & en garnissez.

74. *Champignons à l'oliuier.*

Estans bien nettoyez, coupez les par quartier, & les changez d'eau pour en oster la terre: Estant bien nets, mettez les entre deux plats auec vn oygnon & du sel, puis sur le rechaut, afin qu'ils iettent leur eau; Estant pressez, prenez du beurre bien frais, auec persil & siboule, & les fricassez, apres cela mettez les mitonner, & lors qu'ils seront bien cuits, vous y pouuez mettre de la cresme, ou du blanc manger, seruez.

75. *Omelette de iambon.*

Prenez vne douzaine d'œufs, les cassez, & ostez les blancs d'vne demy douzaine, & les battez: en suite de vostre iambon achez le, & le meslez auec vos œufs: prenez du lard, le coupez, & le faites frire, iettez dedans vostre omelette, en sorte qu'elle ne soit trop cuite, & seruez.

76. *Tortuës.*

Coupez en les pieds, la queuë & la teste, mettez les cuire dans vn pot, & l'assaisonnez bien auec fines herbes; lors qu'el-

H

les seront presque cuites, mettez y du vin, & les faites bien boüillir : Estans cuites, tirez les, & les decoupez par morceaux, & sur tout prenés garde à bien oster l'amer. Puis les fricassez auec du beurre ou du lard, persil & siboule; mettez les en suite mitonner auec peu de boüillon, & lors que vous serez prest de seruir, delayez vn iaune d'œuf auec du verjus, meslez le ensemble, & seruez bien assaisonnées.

77. *Tourte de pistaches.*

Faites fondre du beurre, & y mettez six iaunes d'œufs auec du sucre : battez vne poignée de pistaches, & les meslez ensemble auec vn grain de sel. Puis faites vostre abbaisse, & la foncez; mettez y vostre appareil, & la bandez : Estant cuite, seruez la sucrée, & la garnissez d'écorce de citron confite.

78. *Oeufs à la Portugaise.*

Prenez quantité de iaunes d'œufs, & vne liure, ou demie liure de sucre, dont vous ferez vn syrop, lequel estant fait, vous le meslerez auec vos œufs, auec vne goute d'eau de fleur d'orange, & les faites cuire : Estant cuits, faites vn cornet de papier beurré & bien double; mettez vostre appareil dedans, lequel estant refroidy, ostez le papier, & mettez cét appareil sur vne assiette, la pointe en haut, le sucrez & le garnissez de nompareille, canelle, écorce de citron confite, & fleurs, puis seruez.

### Autre façon.

Faites vn syrop, puis cassez vne douzaine d'œufs, ou plus, & les battez bien, faites chauffer vostre syrop, & lors qu'il sera bien chaud, meslez y vos œufs, passez le tout ensemble dans vne passoire, & faites le cuire; Estant cuit, seruez le auec du biscuit coupé & dressé en pyramide, eaux de senteur, & musc ou ambre gris.

### 79. Oeufs mignons.

Faites vostre syrop, & prenez des iaunes d'œufs, les delayez bien, & les mettez dans vostre syrop: Estant cuits, mettez les sur vne assiette auec vne goute d'eau de fleur d'orange, & de musc, puis seruez.

### 80. Oeufs filez.

Prenez vne chopine de vin blanc auec vn morceau de sucre, faites les bien bouillir, puis cassez des œufs, & les battez bien, passez les dans vne passoire, & les mettez en suite dans vostre poëslon tout bouillant, par ce moyen ils sont cuits en vn moment, & se trouuent enfilez; tirez les de vostre syrop, & les mettez égouter, puis les seruez en pyramide, auec eau de senteur.

### 81. Oeufs à la Varenne.

Faites vn syrop bien fait, faites frire des blancs d'œufs, & les mettez dans vostre syrop, estant cuits seruez les auec eau de fleur d'orange.

*Autre façon.*

Faites vostre syrop, & auec vos œufs frits, meslez y vn peu de laict bien frais: Estant cuits, seruez les sur vne assiette, bien blancs, & garnis d'eaux de senteur.

### 82. Oeufs à la neige.

Faites bouillir du laict auec peu de farine, mettez y apres plus de la moitié de douze blancs d'œufs, & remuez bien le tout ensemble, & le sucrez; lors que vous serez prest de seruir, remettez les sur le feu, & les glaces, ou bien iettez par dessus le reste de vos blancs bien frits, passez y legerement vn couuert de four, ou tourtiere, & seruez sucrez auec quelques eaux de senteur.

Vous pouuez au lieu de blancs y mettre le iaune de vos œufs à proportion, & les blancs frits par dessus.

La cresme à la Mazarine se fait de mesme, hormis que vous n'y mettez point de blancs d'œufs.

83. *Oeufs à la Huguenotte.*

Prenez du jus de mouton, le mettez sur vne assiette, ou dans vn plat, ayez des œufs bien frais, & les cassez dans vostre jus, faites les cuire auec peu de sel : estans cuits, mettez y ius & muscade, puis seruez.

84. *Cardons d'Espagne.*

Estant blanchis, ostez en la peau bien proprement, & les mettez tremper dans l'eau fraische, puis les seruez auec poiure & sel.

85. *Asperges à la sauce blanche.*

Choisissez les plus grosses, ratissez en le pied, & les lauez, puis les faites cuire dans de l'eau, les bien sallez, & ne les laissez trop cuire : Estant cuites, mettez les égouter, & faites vne sauce auec du beurre bien frais, peu de vinaigre, sel, muscade, & vn iaune d'œuf pour lier la sauce, laquelle prenez garde qu'elle ne se tourne, & seruez bien garnies.

#### 86. *Asperges en ragoust.*

Prenez vos asperges, & les rompez bien menuës, puis les passez par la poësle auec beurre ou lard, meslez y persil & siboule, le tout bien assaisonné : mettez les mitonner iusques à ce que vous soyez prest à seruir : Vous y pouuez mettre de la cresme, ou iaunes d'œufs, ou jus de mouton, & en pouuez garnir autre chose.

#### 87. *Asperges à la cresme.*

Coupez les bien menuës, & n'y laissez rien que le verd : fricassez les auec beurre bien frais, ou lard, persil & siboule, ou vn bouquet, apres cela faites les fort peu mitonner auec de la cresme bien fraîsche, & seruez si vous voulez auec vn peu de muscade.

#### 88. *Langue de mouton en ragoust.*

Estant bien nettoyée, fendez la en deux, puis la farinez, la passez dans la poësle, & la mettez en ragoust auec vinaigre, verjus, sel, poivre, ius d'orange, & capres achées : Estant bien mitonnée, & la sauce bien liée, seruez.

#### 89. *Langue de mouton picquée.*

Prenez la cuite, & la nettoyez bien, faites la picquer & rostir, puis seruez auec vn ius de citron, ou quelque orange.

### 90. *Langue de mouton sur le gril.*

Fendez la par la moitié, & mettez la sur le gril auec sel & mie de pain par dessus, puis faites vne sauce auec verjus de grain ou grozeilles, peu de chapelure de pain, de persil & siboule achez bien menus, puis estant bien cuites, seruez.

### 91. *Salade de grenade.*

Espluchez vos grenades, les mettez sur vne assiette, les sucrez, & garnissez de citron, puis seruez.

### 92. *Hure de sanglier.*

Coupez la proche des espaules pour la rendre plus belle & plus apparente, & pour conseruer le col, qui en est le meilleur, pourueu qu'il soit bien assaisonné. L'ayant coupée, faites la brusler, ou échauder, si vous voulez qu'elle soit blanche ; puis coupez la peau à quatre doigts du nez tout autour de la teste, de peur qu'elle ne se retire, & ne descende en d'autres lieux. Faites la cuire, & bien assaisonner, & estant à moitié cuite, mettez y du vin blanc ou rouge, & la faites acheuer de cuire, derechef bien assaisonnée de poiure, oygnon, cloux, écorce d'orange, & fines herbes. Vous la pouuez faire cuire & bien enuelopper auec du foin, de

H iiij

peur qu'elle ne se défasse. Estant bien cuite seruez la froide, entiere, & garnie de fleurs, que si vous l'auez entourée, seruez la par tranches, que vous pourrez déguiser en plusieurs façons de ragousts.

### 93. *Tranche de Hure.*

Coupez la sur le col, ou aupres, ou dessous l'oreille, & seruez.

### 94. *Tranche de Hure en ragoust.*

Estant coupée de la sorte, faites la bouillir auec du vin, & peu de chapelure de pain; estant cuite, & la sauce liée, seruez.

### *Autre façon.*

Estant coupée comme dit est, poudrez la de mie de pain, & la mettez sur le gril. Estant grillée, seruez auec jus de citron. Au temps des fueilles de vignes enuelopez en vostre tranche, & seruez promptement auec verjus de grain.

### 95. *Poix verts.*

Passez les si vous voulez, & les faites cuire auec laictuës pommées ou pourpier. Estant bien cuits auec vn bouquet, & bien assaisonnez, seruez les garnis de laictuës.

Vous pouuez les accommoder & assaisonner auec de la cresme, ainsi que les asperges, dont est fait mention cy-dessus en l'article d'asperges à la cresme.

### 96. *Roignons de Belier.*

Faites les bien blanchir, ostez en les peaux, & les coupez en tranches fort deliées : Passez les par la poësle assaisonnez de tout ce que vous aurez, puis les faites mitonner auec champignons & jus, puis seruez.

#### *Autre façon.*

Coupez les de mesme par tranches, & les faites tremper auec peu de vinaigre & de sel : quelque temps auant que seruir, estans essuyez, passez les dans la paste de baignets, & les faites frire, & iettez dessus jus de citron, ou d'orange, puis seruez.

### 97. *Palets de bœuf.*

Prenez les bien cuits & bien doüillets, & ne laissez de les faire boüillir vn boüillon pour oster le goust de la Tripiere : cela fait, coupez les fort deliez, les passez, assaisonnez, & faites mitonner ; que vostre sauce soit liée d'vn jus de citron, puis seruez.

Les palets de bœuf à garnir se fricassent de mesme, hormis que vous les coupez en détail.

### 98. *Arbolade.*

Faites fondre peu de beurre, & prenez de la cresme, iaunes d'œufs, ius de poires, sucre, & fort peu de sel, faites cuire le tout ensemble ; estant cuit, sucrez auec eaux de fleurs, & seruez verte.

### 99. *Pigeonneaux.*

Estant bien blanchis, vn peu farinez, & passez auec du lard, faites les mitonner auec bon bouillon, champignons, truffles, & vn bouquet, le tout bien assaisonné, & seruez la sauce bien liée, & garnissez de citron coupé.

Le mesme ragoust se peut faire aux Pigeonneaux rostis.

### 100. *Griues.*

Ostez les iusiers, passez les de mesme que les pigeonneaux, & les faites cuire plus long-temps, parce qu'ils sont plus dures. Estant cuites & assaisonnées aussi de mesme, seruez garny de grenade ou citron coupé.

### 101. *Perdreaux.*

Prenez quelques morceaux de tranches de bœuf, & les battez bien auec du lard, l'assaisonnez de sel & poiure, & passez par la poësle, tant qu'il soit bien roux, ensuite, faites mitonner cét appareil auec peu de bouillon, & vn oygnon pillé. En apres passez le tout, & vous en tirerez vn jus fort rouge, auquel vous meslerez vne pointe de verjus de grain, vn peu de farine cuite, ou de chapelure ; puis prenez vos perdreaux, leuez en les cuisses & les aisles, & les faites mitonner auec vostre sauce, y adjoustant champignons & troufles, iusques à ce que la sauce soit bien liée : faites cuire, & seruez promptement de peur qu'ils ne durcissent.

Les perdrix s'accommodent de mesme.

### Methode pour faire jambons de Mayence.

Vostre porc estant habillé, leuez en les jambons, & les estendez bien pour leur faire prendre le ply. Mettez les en la caue durant quatre iours ; pendant quoy il en sortira de l'eau, qu'il faut essuyer fort souuent. Que si le temps est humide, ne les y laissez que deux fois 24. heures ; puis les mettez à la presse entre deux aix, & les y laissez aussi long-temps qu'il y a que le porc est mort. Apres cela, sallez-les auec sel, poiure, clou & anis battus, laissez les prendre sel l'espace de neuf iours ; apres quoy vous les tirerez & mettrez dans la lie pendant autres neuf iours : En suite enueloppez les auec du foin, & enterrez dans la caue en lieu qui ne soit trop humide. Les en ayant tirez, pendez les à la cheminée du costé qui fume le moins, & ne manquez de les parfumer deux fois le iour auec du geniéure : Estant secs & peu enfumez, pendez les au plancher dans vne chambre qui ne soit point humide, & iusques à ce que vous en ayez affaire, visitez les souuent, peur qu'ils ne pourrissent.

Pour les faire cuire : Prenez celuy que vous voudrez, nettoyez le, & le mettez dans vne grande chaudiere pleine d'eau, assaisonnez le de fines herbes, & n'y mettez point de vin. Estant cuit, leuez la coine, parsemez le de poiure & de persil aché, & le picquez de clou, puis rabaissez la coine, & le mettez dans vn lieu frais iusques à ce que vous le vouliez seruir, ce que vous ferez garny de fleurs si vous en auez.

## Maniere de faire les liaisons à conseruer, pour n'auoir la peine de les faire à tous momens que vous en aurez affaire.

### Liaison d'amande.

Pelez bien vos amandes, & les pillez dans vn mortier, puis les mettez auec bon bouillon, mie de pain, iaunes d'œufs, ius de citron, vn oygnon, sel, clou, & trois ou quatre champignons : faites bouillir tout cela vn bouillon, le passez, & le mettez dans vn pot pour vous en seruir au besoin.

### Liaison de champignons.

Prenez des queuës de champignons auec peu d'amandes battuës, oygnon, persil, mie de pain, iaunes d'œufs & capres; faites bouillir le tout auec bon bouillon, & le bien assaisonnez, meslez y vne tranche de citron, passez le en suite dans vne estamine, & le mettez dans vn pot pour vous en seruir au besoin.

### Liaison de farine.

Faites fondre vostre lard, ostez en les

cretons : Iettez vostre farine dans vostre lard fondu, faites la bien cuire, mais prenez garde qu'elle ne tienne à la poësle, meslez y de l'oygnon à proportion de ce que vous en aurez affaire : estant cuit, mettez le tout auec bon bouillon, champignons, & vn filet de vinaigre : puis ayant boulu auec son assaisonnement, passez la par l'estamine, & la mettez dans vn pot pour vous en seruir, que vous tiendrez sur de la cendre chaude pour lier vos sauces.

*Liaison de treuffles.*

Prenez de la farine seiche, que vous delayerez auec bon bouillon, puis trouffles, oygnons, champignons, & vn brin de thin, pilez le tout ensemble, & le faites boüillir auec vostre farine delayée : le passez par vne estamine, & le mettez dans vn pot : cela vous seruira pour lier vos Entrées ou ragousts.

Vous pouuez vous seruir de ces liaisons en Caresme, pourueu que vous n'y mettiez point d'œufs : elles vous peuuent aussi seruir par tout comme à l'Entrée, Second & Entre-mets.

*Methode pour faire les jus de champignons & de mouton, qui peuuent seruir à beaucoup de sauces & de ragousts.*

### Ius de champignons.

Prenez les plus chetifs de vos champignons, lauez les bien auec leurs peaux, & leurs queuës, sans en rien oster, faites les bouillir dans vn pot auec de bon bouillon, en bouillant mettez y vn bouquet, vn oygnon picqué de cloux, & quelques morceaux de viande rostie, le tout bien assaisonné de sel, apres auoir bien bouilly, passez le tout par l'estamine, & le mettez dans vn pot pour vous en seruir au besoin.

Il peut seruir à toutes sortes de ragousts, mesmes aux potages, & souuent il passe pour jus de mouton.

### Ius de mouton.

Faites cuire vostre viande vn peu plus de moitié, bœuf ou mouton, la picquez & la pressez auec des presses si vous en auez, ce sera tant mieux, estant pressé, &

le jus tiré, prenez vne cueillerée de bon bouillon, en arrosez vostre viande, & tirez en encor du jus ce que vous pourrez pour suppléer à ce que vous en pourriez auoir affaire: mettez le dans vn pot auec vn peu de sel, & vn jus de citron, lors que vous serez prest de vous en seruir.

## Maniere de faire la garniture de pistaches.

Pelez vos pistaches dans de l'eau chaude, les remettez dans de l'eau froide, & pour vous en seruir, achez les tant soit peu, pour mettre autour de vos plats.

### Garniture de citron.

Faut le greneler, le fendre en long, & le couper par tranches, apres quoy mettez le dans de l'eau prest à vous en seruir, dessus, & autour de vos plats.

### Garniture de grenade.

Choisissez la plus rouge, & l'émondez pour garnir dessus & autour de vos plats.

*Methode pour tirer les jus & eaux de chair, propres à seruir aux malades.*

*Ius de mouton, veau, ou chapon.*
Estant rostis & pressez, tirez en le jus, & parce que le jus de mouton est chaud, il le faut corriger & mesler auec celuy de veau, & en faire vser vne cueillerée à vostre malade de deux en deux heures.

*Autre façon de la mesme eau.*
Pour ceux qui ont besoin de grand rafraischement, prenez vne bouteille qui ait le goulot fort grand, coupez vostre viande, veau & volaille assez menuë en sorte qu'elle entre dans la bouteille ; ce qu'ayant fait, vous la boucherez auec vn morceau de paste, & vn parchemin par dessus, la lierez bien, & la mettrez dans vne chaudiere d'eau chaude iusques au goulot. Faites la bien boüillir l'espace de trois heures. Estant cuite, débouchez vostre bouteille, & en tirez le jus, lequel vous ferez prendre à vos malades, ou mesme à ceux qui en pleine santé ont besoin de rafraischissement, auec autre jus de viande rostie, ou auec vn boüillon, le

I

tout à proportion du besoin, & des forces de l'vn & de l'autre, & remarquerez en passant que le jus de viande rostie est bien plus fort & plus nourrissant que celuy de bouillie, quoy qu'il soit en plus grande quantité.

Au defaut d'vne bouteille, vous pouuez vous seruir d'vn coquemare de mesme façon que de la bouteille.

*Eau de poulet.*

Habillez le, estant bien net, emplissez le d'orge ; & le faites cuire dans vn pot auec vne pinte d'eau, en sorte qu'elle se reduise à chopine, ayant cuit iusques à ce que l'orge soit creuée, passez le tout par vne estamine, & le laissez refroidir ; il faut l'vser froid, & la peut-on donner mesmes aux enfans de mammelle.

*La Panasde.*

Prenez bon boüillon, & mie de pain bien deliée, faites la bien bouillir, & sur la fin mettez y iaunes d'œufs, fort peu de sel & jus de citron.

*Autre Panasde.*

Prenez viande de chapon, ou de perdrix bien achée, battez la bien dans vn mortier, puis la délayez auec boüillon de santé, peu de mie de pain & de sel, estant mitonnée, meslez y quelques jaunes d'œufs pour épaissir, & jus de citron.

---

Table de la Pastisserie, qui se sert le long de l'année.

| | |
|---|---|
| Pasté de venaison, | 1. |
| Pasté de membre de mouton, | 2 |
| Pasté à l'Angloise, | 3 |
| Pasté de sanglier, | 4 |
| Pasté de chapon, | 5 |
| Pasté de poulet d'Inde, | 6 |
| Pasté de gaudiueaux, | 7 |
| Pasté de perdrix, | 8 |
| Pasté de jambon, | 9 |
| Pasté de poictrine de veau, | 10 |
| Pasté d'assiette, | 11 |
| Pasté à la Cardinalle, | 12 |
| Pasté à la marotte, | 13 |
| Pasté de lapreaux, | 14 |
| Pasté de poulets, | 15 |
| Pasté d'allouettes, | 16 |
| Pasté de veau, | 17 |
| Pasté de cailles, | 18 |
| Pasté de beccasses, | 19 |
| Pasté de merles, 20. Pasté de canard, | 20 |
| Pasté de macreuse au lard, | 21 |

Pasté d'aigneau, 22
Pasté de langue de mouton, 23
Pasté de cheureau chaud, 24
Pasté d'oyson, 25
Pasté de manche d'espaule, 26
Tourte de pigeonneaux, 27
Tourte de lard, 28
Tourte de moëlle, 29
Tourte de veau, 30
Tourte de beatilles, 31
Tourte de moineaux, 32
Tourte d'alloüettes, 33
Tourte de riz de veau, 34
Tourte de blanc de chapon sucré. 35

*Methode d'apprester & seruir les Pastisseries, dont la Table est cy-deuant.*

1. *Pasté de venaison.*

Vous trouuerez la façon de le faire en la page 91. article 3. des Entre-mets.

2. *Pasté de membre de mouton.*

Estant bien mortifié, il faut le bien battre, en oster la peau, le desosser, & si vous voulez le larder de gros lard, & l'assaisonner de sel, poiure, & vn peu de vinaigre; vous le pouuez laisser en sauce trois ou quatre iours bien couuert, iusques à ce que vous le vouliez mettre en paste : Ce que vous ferez alors en paste fine ou bise, le bien assaisonnant de sel, poiure, clou battu, muscade, & vne fueille de laurier, & mesme vne gousse d'ail écrasée si vous voulez: Estant fermé & doré, faites le cuire l'espace de trois heures & demie, & n'oubliez pas de le picquer peu apres qu'il sera au four.

### 3. *Pasté à l'Angloise.*

Vous le trouuerez en la page 63. article 84. des Entrées.

### 4. *Pasté de sanglier.*

Il se fait & assaisonne de mesme façon que celuy de membre de mouton.

### 5. *Pasté de chapon.*

Estant bien habillé, lardez le de moyen lard, & le mettez en paste fine, & dressez vostre pasté. Si vous le voulez seruir chaud, il ne faut pas tant l'assaisonner, que pour le seruir froid.

Pour donc le seruir chaud, dressez le & le garnissez de ce que vous aurez, vous pouuez mesme le farcir. Faut le faire cuire deux heures & demie, & s'il est alteré, faites y vne sauce blanche, ou y mettez quelque ius que ce soit, & seruez le chaud & descouuert.

6. *Pasté de poulet d'Inde.*

Estant bien habillé, battez le, & le trouffez : lardez le de gros lard, & l'assaisonnez, puis le mettez en paste fine ou bise, nourrie de beurre ou de lard, car cette chair est fort seiche quand elle est cuite: assaisonnez le comme vn pasté de venaison, faites le cuire à proportion de sa dureté, & le seruez chaud ou froid.

*Autre façon.*

Habillez vostre poulet d'Inde, ostez en la peau, ou le brichet, puis l'assaisonnez, & farcissez de pigeonneaux, palets, champignons, truffes, culs d'artichaux, crestes, roignons de belier, & ris de veau. Et cette farce est propre en cas que vous n'ostiez que le seul brichet.

Que si vous ostez la peau entiere, prenez la chair de vostre poulet d'Inde, la achez bien menu auec graisse de bœuf, l'assaisonnez de tout ce que vous aurez iusques à des iaunes d'œufs, en remplissés la peau, la recousez, & la mettez en paste fine, garnissez vostre pasté de petites beatilles, champignons, & de tout ce que vous aurez de reste de vostre farce. Faites le cuire, & seruez chaud auec telle sauce qu'il vous plaira.

### 7. *Pasté de gaudiueaux.*

Vous le trouuerez en la page 62. article 81. des Entrées.

### 8. *Pasté de perdrix.*

Estans habillées, lardez les de moyen lard, & les assaisonnez, puis les mettez en paste fine, & dressez vostre pasté, bien nourry de lard ou de beurre, faites le cuire l'espace de trois heures, & le seruez chaud.

### 9. *Pasté de jambon.*

Voyez en la page 91. art. 5. des Entremets.

### 10. *Pasté de poictrine de veau.*

Estant bien blanchie, vous la pouuez farcir de tout ce que vous voudrez : vous la pouuez mettre en paste fine bien assaisonnée, & garnie, ou si vous voulez, coupée par petits morceaux; dressez bien vostre pasté, faites le cuire, & le seruez auec vne sauce blanche.

### 11. *Pasté d'assiette.*

Voyez en la page 62. article 82. des Entrées.

### 12. *Pasté à la Cardinalle.*

Vous le trouuerez page 64. article 85. des Entrées.

### 13. *Pasté à la marotte.*

Voyez page 63. article 83. des Entrées.

### 14. *Pasté de lapreaux.*

Estans habillez, lardez les de gros lard, & faites vostre pasté de mesme que celuy de venaison, si vous le seruez chaud, faites le vn peu plus doux, & seruez.

### 15. *Pasté de poulets.*

Habillez les & les farinez, si vous voulez ; garnissez les & assaisonnez, & les mettez en paste bien fine : seruez chaud auec vne sauce blanche.

Que si vos poulets sont gros, vous les pouuez picquer de moyen lard, & les assonner, garnir & pastisser de mesme.

### 16. *Pasté d'allouettes.*

Habillez les, ostez en les iusiers, & les écrasez, puis les passez par la poësle auec champignons, trouffles, beatilles, & roignons, le tout bien assaisonné, puis les mettés en paste fine, les faites cuire l'espace de deux heures & demie, la sauce bien liée, & bien nourrie. Vous y pouuez mettre du sucre en façon d'hypocras, & en cette façon le seruir froid : si en ragoust, seruez le chaud.

17. *Pasté de veau.*

Prenez en la ruelle, & l'accommodez de mesme façon que le sanglier, sçauoir, bien lardé & assaisonné de mesme : mettez la en paste fine ou bise, comme vous voudrez, seruez en tranche, froid ou chaud.

*Autre façon.*

Achez telle viande de veau que vous voudrez auec graisse de bœuf, & l'assaisonnez : dressez vostre paste, & faites le fonds de vostre pasté, ou le tout de cette viande ainsi achée & assaisonnée, laquelle de plus vous garnirez de champignons, cus d'artichaux, cardes, roignons, riz de veau, & iaunes d'œufs durs. Apres quoy vous le couurirez & ferez cuire ; estant cuit, seruez le descouuert auec sauce de iaunes d'œufs, delayez auec du verjus de grain.

18. *Pasté de cailles.*

Il se fait pour manger froid comme celuy de perdrix, & pour manger chaud comme celuy d'alloüettes ; faites le de paste fine, & seruez le chaud en ragoust.

19. *Pasté de beccasses.*

Habillez vos beccasses, ostez leur les jusiers, les lardez de moyen lard, & assaisonnez de mesme façon que le pasté de perdrix, soit pour manger chaud, soit pour manger froid. Si vous le seruez chaud, garnissez le de ce que vous aurez, & assaisonnez de ce que vous iugerez à propos : faites le cuire l'espace de deux heures & demie, & seruez chaud ou froid.

### 20. *Pasté de merles.*

Habillez vos merles, ostez en les iusiers, & les mettez en paste, assaisonnez & faites cuire de mesme façon que les allouettes pour manger chaud ou froid.

### 20. *Pasté de canard.*

Estant habillé, lardez le de gros lard, & l'assaisonnez bien, mettez le en paste fine ou bise, faites le cuire l'espace de trois heures; seruez & le garnissez pour manger chaud.

### 21. *Pasté de masreuse au lard.*

Il se fait & se sert de mesme façon que celuy de canard.

### 22. *Pasté d'aigneau.*

Prenez les quartiers de deuant, & les coupez bien menus, les faites blanchir, puis mettez en paste fine & bien dressée, auec peu de persil & fines herbes achées:

Estant bien cuit & bien assaisonné, seruez auec vne sauce blanche.

*Autre façon.*

Vous pouuez prendre vostre aigneau entier, ou en quartiers, sans les découper, le larder de gros lard, & le mettre en paste, assaisonné de persil aché, sel, poiure, clou battu, & garny de champignons, morilles & capres; & estant cuit, le seruez auec vne sauce blanche.

23. *Pasté de langues de mouton.*

Lauez les auec de l'eau tiede, & les nettoyez, puis les mettez en paste; prenez champignons, petits palets coupez, beatilles, peu de persil, & siboules, passez le tout par la poësle, iettez par dessus iaunes d'œufs, cus d'artichaux, lard battu, ou beurre frais, & le mettrez dans vostre pasté, que vous ferez cuire l'espace de deux heures, & seruirez auec vne sauce de iaunes d'œufs, délayez auec verjus.

24. *Pasté de cheureau chaud.*

Habillez le, & en ostez la teste: lardez le de moyen lard, & l'assaisonnez: mettez le en paste fine dressée, ou non: garnissez le de beatilles, champignons, morilles, troufles, mousserons, & seruez. Si vous le voulez seruir froid, faites de l'assaisonnement plus fort.

### Autre façon.

Si vous auez deux cheureaux, tirez du corps du cheureuil ou de la biche, lardez les, & assaisonnez, & y mettez quantité de sucre, qui rendra & vostre viande & vostre sauce toutes sucrées.

Si vos cheureaux sont petits, mettez les en paste dressée, & les separez, mettant l'vn en sucre, & l'autre en ragoust, seruez chaud.

### 25. Pasté d'oyson.

Estant habillé, lardez le de fort gros lard, & le mettez en paste assaisonné comme le pasté de venaison: Seruez le de mesme chaud, ou en tranches.

### 26. Pasté de manches d'espaules.

Habillez les os de vos manches, blanchissés les, les cassez & lardez de gros lard, ou lard pillé, puis les mettez en paste fine ; garnissez & assaisonnez vostre pasté de tout ce que vous aurez, faites le cuire l'espace de deux heures & demie: Estant cuit, seruez auec telle sauce que vous voudrez.

### 27. Tourte de pigeonneaux.

Vous trouuerez la maniere de la faire

en la page 61. article 78. des Entrées.
*Autre façon.*

Vos pigeonneaux estans bien habillez, & blanchis, faites vne abaisse de paste fine ou fueilletée, mettez au fonds quelques gaudiueaux, & vos pigeonneaux par dessus, s'ils sont petits, entiers ; s'ils sont gros, coupez les par moitié; garnissez vostre tourte de crestes, palets, champignons, trouffles, cardes, morilles, mousserons, iaunes d'œufs, riz de veau, culs d'artichaux, & persil aché, le tout bien assaisonné de sel, poiure, clou, & muscade. Couurez vostre tourte, & faites la cuire l'espace de deux heures & demie : Estant cuite, seruez la descouuerte auec sauce de jaunes d'œufs, delayez auec verjus de grain.

28. *Tourte de lard.*
En la page 60. article 76.

29. *Tourte de moëlle.*
En la page 61. article 77.

30. *Tourte de veau.*
En la mesme page article 79.
*Autre façon.*

Garnissez vne abaisse de paste fine ou fueilletée, & l'emplissez à moitié de vostre viande achée ; mettez par dessus champignons, roignons, creftes, culs d'artichaux, cardes, jaunes d'œufs, & le tout bien affaifonné, acheuez d'emplir voftre tourte de cette mefme viande, la couurez & dorez, faites la cuire l'efpace d'vne heure & demie, & la feruez defcouuerte auec vne fauce.

### 31. *Tourte de beatilles.*

Faites blanchir vos beatilles, les mettez dans vne abaiffe, affaifonnez & garniffez de mefme que la tourte de pigeonneaux; faites la auffi cuire de mefme, & la feruez auec vne fauce blanche, ou jus, ou quelque ragouft de rofties : Vous y pouuez mettre piftaches mondées & achées.

### 32. *Tourte de moineaux.*

Elle fe fait & fe fert de mefme que celle des pigeonneaux, auec vne fauce blanche.

### 33. *Tourte d'allouettes.*

Vous la pouuez auffi accommoder de mefme que celle de pigeonneaux; mais voicy encore vne autre façon. Habillez les, oftez en les iufiers, les écrafez & les paffez par la poële auec du lard, perfil, & champignon, puis les mettez dans voftre abaiffe, & les affaifonnez de iaunes d'œufs, capres, & de tout ce que vous aurez. Couurez vostre tourte, & la faites cuire deux heures. Estant cuite, seruez auec vne sauce bonne, ou quelque ius.

### 34. *Tourte de riz de veau.*

Vous les pouuez mettre en paste fine ou fueilletée, picquez & rostis, bien assaisonnez & garnis ; ou bien les passer auec champignons, crestes, truffles, morilles, iaunes d'œufs, culs d'artichaux, ou quelques asperges rompuës, & ainsi faire vostre tourte, que vous seruirez auec vne liaison de champignons par dessus.

### 35. *Tourte de blanc de chapon.*

Prenez quelque quantité de blancs de chapon, achez les bien menus, & les délayez auec deux iaunes d'œufs, beurre frais, peu de sel, pistaches, force sucre, peu de jus, ou bon boüillon. Faites vostre tourte de paste fine ou fueilletée, la bien sucrez, & si vous voulez, outre ce que dessus, adjoustez y pignons, & raisins de Corinthe.

### ADVIS.

Vous pouuez faire vos pastez de garde, & que vous voulez porter loing, auec farine de seigle.

Ceux que vous voulez faire manger promptement, faites les de paste plus de moitié fine.

Le pasté à l'Angloise se fait auec paste fueilletée.

La tourte de franchipanne se fait de paste délayée, auec blancs d'œufs.

Toutes sortes de tourtes se font auec paste fine ou fueilletée.

Que si vous ne trouuez pas icy toutes les façons de diuerses pastisseries, ne vous en estonnez pas, ie n'ay pas entrepris d'en faire vn liure entier, mais d'en parler seulement en passant, pour donner vne legere instruction de ce qui est le plus necessaire, & de ce qui se sert le plus ordinairement pour entre-mesler & diuersifier les seruices.

---

*Table des Potages maigres, hors le Caresme.*

| | |
|---|---|
| Potage aux herbes, | 1 |
| Potage d'Escreuisses, | 2 |
| Potage de Carpes. | 3 |
| Potage de Tanches, farcies. | 4 |
| Potage de Carpe farcie aux nauets, | 5 |

Potage

Potage de Carpe rostie, 6
Potage à la Reyne, 7
Potage à la Princesse, 8
Potage de Tortuës, 9
Potage de champignons farcis, 10
Potage de Solles desossées, farcies, 11
Potage d'Esperlans, 12
Potage d'Asperges, 13
Potage d'Attereaux de poisson, 14
Potage de laictuës farcies, à la purée, 15
Potage de choux au pain frit, 16
Potage de choux au laict, 17
Potage de choux à la purée, 18
Potage de citrouille au beurre, 19
Potage de citrouille au laict, 20
Potage de nauets, 21
Potage de laict aux iaunes d'œufs, 22
Potage de profiteolles, 23
Potage de poix, 24
Potage d'herbes sans beurre, 25
Potage d'oygnon, 26
Potage de concombres farcis, 27
Potage de neige, 28
Potage de Moules aux œufs, 29
Potage d'Huistres, 30
Potage de Grenosts, 31
Potage de Saumon à la sauce douce, 32
Potage de Grenouilles au saffran, 33

K

Potage de Son, 34
Potage d'Oubelon, 35
Potage de framboise, 36
Potage de panets, 37
Potage de poireaux, 38
Potage de macreuse farcie, 39
Potage de lotte, 40
Potage d'asperges rompuës, 41
Potage de choux-fleurs, 42
Potage de fidelle, 43
Potage de riz, 44
Potage de Tailladin, 45
Potage de purée de poix verds, 46
Potage de purée de poix vieux, servie verte, 47
Potage de Macreuse aux nauets, 48
Potage de Macreuse garny, 49
Potage de poireaux à la purée, 50
Potage de Limandes, 51
Potage aux herbes garny de concombres, 52
Potage d'oygnon au laict, 53
Potage de Losches, 54
Potage de Viues, 55
Potage de Rouget. 56

*Methode pour apprester & seruir les Potages maigres, dont la Table precede immediatement.*

1. *Potage aux herbes.*

Faites chauffer de l'eau, auec du beurre & du sel : puis ayez ozeille, bugloze bouroche, chicorée, ou laictuës, & poirée: Estant bien nettes, découpez les, & mettez dans vn pot de terre, auec vne entameure de pain. Estant bien cuit, dressez, faites mitonner vostre pain, & seruez.

2. *Potage d'Escreuisses.*

Nettoyez vos Escreuisses, & les faites cuire auec du vin & du vinaigre, du sel & du poiure : Estans cuites, épluchez les pieds & la queuë, & les passez auec du beurre bien frais, & peu de persil : puis prenez les corps de vos Escreuisses, & les battez dans vn mortier, auec vn oygnon, œufs durs & mie de pain : Mettez les mitonner auec du bon boüillon aux herbes, ou autre, si vous auez de la purée, & que vous desiriez vous en seruir, il faut qu'elle soit bien claire. Estant bouilly, passez le

K ij

tout enfemble ; eftant paffé, mettez deuant le feu, puis prenez du beurre auec peu de perfil aché, & le fricaffez : Mettez le en fuite dans voftre bouillon bien affaifonné, & faites mitôner auec vos crouftes feiches couuertes d'vn plat ou d'vne affiette, mettez auffi deffus voftre pain, quelque peu d'achis de carpe, & jus de champignon : Empliffez voftre plat, & le garniffez de vos pieds & queües d'Efcreuiffes, auec grenade & ius de citron, & feruez. 3. *Potage de Carpe.*

Defoffez vne carpe, & mettez en bouillir les os auec de la purée, quelque oygnon ou œufs durs, & de la mie de pain. Eftant bouillis, paffez les, fricaffez auec peu de perfil, & les remettez dans voftre bouillon. Ayant bouilly, faites feicher & mitonner voftre pain ; faites vn achis de la chair de voftre carpe ; & eftant cuit, mettez le fur voftre pain, & l'empliffez garny d'andoüillettes, & le tout bien affaifonné, feruez auec ius de citron, & champignons par deffus.

4. *Potage de Tanches.*

Prenez vos tanches, les defoffez, & les farciffez de la chair, le tout bien affaifonné. Pour le bouillon, tirez le fi vous voulez de purée, ou de nauets, ou d'herbes, ou de tanches, ou d'amendes, ou de carpes, ou d'escreuisses, il n'importe, pourueu qu'il soit bon. Faites mitonner vostre pain, & le garnissez de tanches, soit farcies ou rosties, auec ce que vous voudrez, puis seruez.

5. *Potage de Carpes farcies.*

Desossez vos carpes, & les farcissez de leur propre chair : faites les cuire dans vn plat auec du bouillon, du beurre, verjus, siboules & poiure : faites cuire vos ossemens, & en tirez & passez le bouillon, que vous aurez assaisonné de sel, poiure, & mie de pain : faites mitonner vostre pain, & le garnissez de vos carpes farcies, capres & champignons, puis seruez.

6. *Potage de Carpes rosties.*

Estans habillées, découpez les, faites fondre du beurre, & en dorez vostre carpe, que vous mettrez sur le gril, & ferez cuire sans escaille, faites vne sauce auec beurre, persil, siboules, vn filet de verjus & de vinaigre, le tout bien assaisonné & mitonné auec bouillon tiré d'autre pot ou de purée. Prenez en suite des nauets, les découpez en dez, lesquels estans blanchis, vous farinerez & ferez

K iij

frire. Estant frits, mettez les dans vn long pot, auec de l'eau ou de la purée, & lors qu'ils seront cuits & assaisonnez, faites mitonner vostre pain, & le garnissez de vos carpes, de vos nauets, & de capres, puis seruez.

Si vous n'y mettez des nauets, vous le pouuez garnir de champignons, ou d'asperges coupées, & de laittance de carpes.

### 7. *Potage à la Reyne.*

Prenez carpes ou tanches, faites les cuire auec de l'eau, du sel, vn oygnon, persil, œufs durs, & vne mie de pain; passez vostre bouillon, & le mettez dans vn autre pot, auec autant de beurre, que vous mettriez dans vn autre. Prenez des amendes, & les faites bien piller: meslez auec la moitié de vostre bouillon, & apres auoir bouilly ensemble quelque temps, passez les, & y mettez vn oygnon picqué de cloux, & le laissez sur vn peu de cendre chaude. Faites mitonner vostre plat auec vn peu de vostre premier bouillon, & remplissez vostre plat de bouillon blanc, & jus de champignons, en sorte toutefois qu'il ne soit trop lié: puis seruez garny de grenades & tranches de citron.

### 8. *Potage à la Princesse.*

Prenez de la purée bien claire, dans laquelle vous ferez cuire des offemens de carpes auec quelques iaunes d'œufs, & vn bouquet, le tout bien affaifonné; puis faites feicher vn pain, & apres mitonner: paffez y fort peu de achis de carpe, & ius de champignon; empliffez voftre plat à mefure qu'il mitonne, & le garniffez de champignons, trouffles, laictance, foye de lotte, grenade & tranches de citron puis feruez.

### 9. *Potage de Tortuës.*

Prenez vos tortuës, habillez les, & les découpez par morceaux, faites les paffer par la poëfle auec du beurre, perfil & fiboule: Eftans bien paffées & affaifonnées, mettez les mitonner auec peu de bouillon. Pour lequel faire, vous nettoyerez bien vos tortuës, & les ferez cuire auec de l'eau bien affaifonnées, & vous en feruirez. Prenez garde de creuer l'amer en les découpant. Faites mitonner voftre pain, & le garniffez de vos tortuës, & de leur fauce, auec afperges rompuës au tour, champignons, trouffles, tranches de citron, & jus de champignons, puis feruez.

### 10. *Potage de champignons farcis.*

Prenez les efplucheures de vos champignons, & les lauez bien. Mettez les cuire auec de l'eau, ou autre bouillon, vn oygnon picqué, & vn brin de thin, le tout bien assaisonné. Passez vostre bouillon, & le mettez dans vn pot: passez aussi en suite, vos champignons auec beurre, persil & capres, & les remettez dans ce mesme pot, vous pouuez faire le fonds de vostre potage auec des ossemens de carpes que vous ferez boüillir auec vos champignons: faites mitonner vostre pain, & lors qu'il sera bien mitonné, mettez y vn lict d'achis de carpes, & l'emplissez en suite à mesure qu'il mitône: Estant emply, garnissez vostre potage de vos champignons farcis de la mesme farce dont vous auez fait vostre achis cuit entre deux plats, & de laittances; Et lors que vous serez prest à seruir, mettez autour grenade, ou citron, puis seruez.

11. *Potage de Solles desossées, farcies.*

Faites les frire presque tout à fait, & les ouurez le long de l'arreste, que vous en tirerez: Prenez laictances, huistres, capres, champignons, trouffles, & passez le tout par la poësle auec persil & siboules entieres. Farcissez vos solles de cét appareil; & estant farcies, mettez les mitonner auec peu de bouillon, beurre frais, ius de citron, ou d'orange, ou verjus. Faites mitonner voſtre pain auec du bouillon de quelque poiſſon que vous ayez, & que vous voudrez, & le garniſſez de vos ſolles, auec champignons, troufles, laictances, & ius de champignons, & autour tranches de citron, ſeruez.

12. *Potage d'Eſperlans.*

Faites vn bouillon auec des amendes, ou du poiſſon, ou des champignons, ou de la purée. Le tout bien aſſaiſonné, faites mitonner voſtre pain, & mettez par deſſus vn peu de bouillon blanc, & de ius de champignons. Prenez vos Eſperlans, les faites frire, & en garniſſez voſtre potage, ou ſi vous voulez, auant que de garnir, mettez les en ragouſt; pour quoy faire, vous prendrez perſil, ſiboules, beurre, & verjus, & fricaſſerez enſemble, & en ſuite les paſſerez; & eſtant paſſés, les mettrez auec vos Eſperlans. Seruez garny de grenades & citrons.

13. *Potage d'Aſperges.*

Prenez quantité d'herbes, les mettez dans vn pot auec mie de pain, & les aſſaiſonnez bien: paſſez les en ſuite, & eſtant paſſées, les rempottez. Faites mitonner vostre pain, & le garnissez d'asperges, que vous aurez fait cuire dans de l'eau & du sel, & lesquelles estant égouttées, vous aurez mis auec du beurre frais, sel & muscade : par dessus vostre potage vous seruirez des asperges fricassées rompuës, puis seruez.

*Autre façon.*

Seruez-vous du mesme bouillon, ioignez y par dessus vn peu de achis de carpe, garny d'asperges fricassées, & d'autres champignons, & laictances, puis seruez.

*Autre façon.*

Apres que vostre pain sera bien mitonné, garnissez le d'herbes & d'asperges, auec capres & iaunes d'œufs, & seruez. Vous pouuez blanchir vostre potage si vous voulez.

14. *Potage d'Attereaux de poisson.*

Prenez des carpes, les desossez, & en faites vn achis auec du beurre, & bien assaisonné auec de bonnes herbes, prenez en les os, & les faites bouillir auec de la purée, ou autre bouillon, vn bouquet, du beurre & du sel : puis de vos peaux de carpes, faites des attereaux, les estendant & mettant dessus de vostre achis assaisonné, & des œufs pour les lier, puis les roulez. Estant roulées, faites les cuire dans vn plat auec du beurre, peu de verjus, vne siboule; Estans cuits, garnissez vostre pain de vostre achis, & de vos attereaux, & mettez par dessus champignons & asperges rompuës, puis seruez.

### 15. *Potage de laictuës farcies.*

Prenez vos laictuës, & les faites blanchir, faites vne farce de poisson, ou d'herbes, & apres les en auoir farcies, mettez les mitonner dans vn pot auec de la purée ou d'autre bouillon, & les assaisonnés bien de beurre, de sel, & vn oygnon picqué de cloux : faites mitonner vostre pain, & le garnissez de vos laictuës, que vous fendrez par la moitié : vous y pouués mettre vn lict de achis de poisson, puis seruez.

### 16. *Potage de choux au laict.*

Coupez vos choux par quartiers, & les faites blanchir, puis les empottez auec de l'eau, du beurre à force, du sel, du poiure, & vn oygnon picqué de cloux : Estans bien cuits, mettez y du laict, faites mitonner vostre pain, & seruez le garny de vos choux.

### 17. *Potage de choux au pain frit.*

Faites blanchir & empottez vos choux

de mesme qu'à l'article precedent, & seruez garny de pain frit.

### 18. *Potage de choux à la purée.*

Il se fait de mesme que les precedens, hormis qu'au lieu d'eau vous empottez vos choux auec de la purée, garnissez & seruez de mesme.

### 19. *Potage de citrouille au beurre.*

Prenez vostre citroüille, la découpez par morceaux, & la faites cuire auec de l'eau & du sel : Estant cuite, passez la, & la mettez dans vn pot auec vn oygnon picqué de cloux, beurre frais, & poiure: faites mitonner vostre pain, & si vous voulez, délayez trois ou quatre iaunes d'œufs, & les mettez auec du bouillon par dessus, puis seruez.

### 20. *Potage de citrouille au laict.*

Découpés la, & faites cuire comme dessus, en suite passez la dans vne passoire auec du laict, & la faites bouillir auec du beurre, assaisonnée de sel, poiure, vn oygnon picqué : Et seruez auec des iaunes d'œufs délayez comme cy-dessus.

### 21. *Potage de nauets frits.*

Ratissez bien vos nauets, & les coupez par quartiers, ou en dés, faites les blachir, les farinez, & les passez auec du beurre affiné, que vous osterez estant bien roux, & empotterez vos nauets auec de l'eau ou de la purée, & les ferez bien cuire, & assaisonnerez. Faites mitonner vostre pain, & le garnissez de vos nauets, & de capres, puis seruez.

*Autre façon.*

Vos nauets estans ratissez, découpez par quartiers, & blanchis, mettez les cuire auec de l'eau, du beurre, du sel, & vn oygnon picqué de cloux. Estant bien cuits, faites mitonner vostre pain, & apres auoir mis vos nauets auec du beurre frais, & remué souuent iusques à ce que le beurre soit fondu, vous en garnirez vostre potage, & seruez.

22. *Potage de laict aux iaunes d'œufs.*

Prenez du laict bien frais, & le faites boüillir, assaisonné de sel & de sucre; estant prest à bouillir, délayez sept iaunes d'œufs pour vn grand plat, & pour vn petit à proportion, mettez les dans vostre laict, & le remuez bien en faisant son bouillon; prenez biscuit ou pain, & en faites vostre potage, que vous seruirez sucré.

*Autre façon.*

Apprestez vostre laict, & le garnissez

d'œufs pochez en l'eau, bien choisis & bien frais, afin qu'ils se pochent mieux, puis servez.

23. *Potage de profiteolles.*

Faites mitonner vostre pain auec du meilleur de vos bouillons maigres, puis prenez six petits pains, faits exprés; faites les bien seicher, & leur faites vne ouuerture par dessus de la largeur d'vn teston, par où vous osterez la mie de dedans; estans bien secs, passez les auec du beurre affiné, & les ayant bien égouttez, mettez les mitonner sur vostre pain. Lors que vous serez prest à seruir, emplissez les de toutes sortes, comme laictances, champignons, asperges rompuës, trouffles, artichaux, capres, recouurés vos pains de leur couuerture, & garnissez de laictance, champignons, grenades, & tranches de citron, puis seruez.

24. *Potage de poix verts.*

Passez les par la poësle les plus menus, & plus nouueaux que vous pourrez, & les mettez mitonner dans vn petit pot bien assaisonnez auec peu de persil & siboule. Puis faites mitonner vn pain auec du boüillon aux herbes, ou de la purée de vieux poix : Estant mitonné, garnissez le de poix verds, & seruez.

### Autre façon.

Prenez en les plus gros, & les mettez cuire, puis en tirez la purée, & y passez du beurre, auec peu de persil & siboule achée, & la bien assaisonnez : faites mitonner vostre potage, & y mettez capres, & le garnissez de pain frit.

### 25. Potage d'herbes sans beurre.

Prenez quantité de bonnes herbes, quand elles sont nouuelles, les rompez, les mettez dans de l'eau bouillante auec vne entameure de pain, & les assaisonnez bien, en sorte qu'elles soient vn peu aigrelettes à force d'ozeille ; faites mitonner vostre pain, dressez vostre potage, & y meslez des capres si vous voulez, puis seruez.

Pour rendre vostre potage aigret, prenez la moitié des herbes à moitié cuites, & les passez ; & pour le rendre vert, il faut piller de l'ozeille.

### 26. Potage d'oygnon.

Coupez vos oygnons par tranches fort deliées, les fricassez auec du beurre, & estans fricassez, mettez les dans vn pot auec de l'eau, ou auec de la purée. Estans bien cuits, mettez y vne crouste de pain, & la laissez bouillir fort peu; vous y pouuez mettre des capres : faites seicher vostre pain, & en suite mitonner; dressez & seruez auec vn filet de vinaigre.

27. *Potage de concombres farcis.*

Prenez vos concombres, les pelez, & les vuidez bien proprement, faites les blanchir ; & estans blanchis, les mettez égoutter, faites vne farce auec de l'ozeille, jaunes d'œufs, & œufs entiers, le tout bien assaisonné, & la iettez dans vos concombres. Apres quoy, mettez les dans vn pot auec de l'eau ou de la purée, faites les bien cuire & bien assaisonner auec capres si vous voulez: faites en suite mitonner vostre pain, & le garnissez de vos concombres, que vous couperez par quartiers, puis seruez.

28. *Potage de neige.*

Il se fait de laict bien assaisonné de sel & de sucre, lors que vous serez prest à seruir, prenez les blancs des iaunes d'œufs que vous aurés délayez pour mettre en vostre laict, faites les bien frire, & les iettez auec vostre laict; seruez, & sucrez.

*Autre façon, pour les iours gras.*

Faites mitonner vostre pain auec du
bouillon

bouillon d'amende, peu de viande achée, & jus de mouton tout ensemble. Estant prest à seruir, faites frire des blancs d'œufs, & les mettez sur vostre potage, faites rougir la paisle du feu, & la passez par dessus pour les acheuer de cuire, puis seruez.

29. *Potage de Moulles.*

Prenez vos moulles, les ratissez & lauez bien, puis les mettés boüillir dans vn poëslon auec de l'eau, du sel, & vn oygnon. Estant cuites, tirez les, & espluchez, leur ostant la coquille à quelques vnes, la laissant aux autres pour garnir. Estant ainsi espluchez, passez les par la poësle auec peu de persil aché ; pour vostre boüillon, estant rassis, laissez le fonds, de peur qu'il n'y ait du grauier, & le faites bouillir, & lors qu'il boult, passez-y peu de persil auec du beurre bien frais ; faites mitonner vostre pain. Estant bien mitonné, dressez vostre potage, garnissez le de vos moulles, & le blanchissez si vous voulez, puis seruez.

30. *Potage d'Huistres.*

Vos huistres estant bien blanchies & farinées, passez les dans la poësle auec peu de persil, puis les mettez mitonner dans

L.

vn pot; faites mitonner voſtre pain auec d'autre bouillon, comme blanc manger: Eſtant bien mitonné, garniſſez le de vos huîtres, dont vous ferez frire quelques-vnes en baignets pour garnir auec grenades, tranche de citron, & jus d'eſcreuiſſes, puis ſeruez.

31. *Potage de Grenoſts.*

Habillez les, & les faites cuire en façon d'eſtuuée, aſſaiſonnez de toutes ſortes de bonnes herbes, de beurre, & vn filet de vin blanc. Faites mitonner voſtre pain, & le garniſſez auec vos grenoſts, capres, champignons & laictances, puis ſeruez.

32. *Potage de Saumon.*

Coupez du ſaumon par tranches, & le faites frire, puis le mettez mitonner auec peu de vin blanc, & du ſucre; faites auſſi mitonner voſtre pain auec quelque autre bouillon que vous aurez pourueu qu'il ſoit bien aſſaiſonné: garniſſez le de voſtre ſaumon, la ſauce par deſſus, le laiſſez ainſi bouillir vn bouillon, puis ſeruez.

33. *Potage de Grenouilles au ſaffran.*

Trouſſez vos grenouilles, & les mettez bouillir auec du bouillon, ou de la purée,

& assaisonnez les auec persil, vn oygnon picqué de cloux, & vn brin de thin: faites mitonner vostre pain, & le garnissez de vos grenouilles blanchies, auec saffran ou iaunes d'œufs, puis seruez.

*Autre façon.*

Troussez les en cerises, les faites frire, & les mettez mitonner entre deux plats, auec peu de beurre frais, vn filet de verjus, vn jus d'orange ou de citron, & les assaisonnez bien, auec vn bouquet: puis pour faire vostre bouillon, faites en bouillir auec de la purée ou de l'eau, sel, persil, siboules, vne poignée d'amendes pilées, & iaunes d'œufs: apres quoy vous passerez le tout ensemble; faites mitonner vostre pain, sur lequel vous pouuez mettre peu de achis; emplissez vostre plat, & le garnissez de vos grenouilles, citron & grenades, puis seruez.

34. *Potage de Son.*

Prenez du son de bled, le plus gros que vous pourrez trouuer, faites le bien bouillir auec de l'eau, vne poignée d'amende, vn bouquet, & le bien assaisonnez: passez le en suite dans vne estamine, & le remettez bouillir: faites mitonner vostre pain, & emplissez vostre plat de ce bouillon, que vous pouuez blanchir si vous voulez auec des œufs, & le garnissez de fleurons si vous en auez, puis seruez.

### 35. *Potage d'Oubelon.*

Prenez quantité d'herbes, que vous assaisonnerez comme vn potage auec vne mie de pain: passez le tout, & le mettez bouillir dans vn pot, passez y aussi du beurre frais dans la poësle auec peu de persil, & vn bouquet, & le iettez dans vostre pot, faites mitonner vostre pain auec vostre bouillon, apres quoy faites cuire vostre oubelon, auec de l'eau & du sel; estant cuit, & esgoutté, mettez le auec du beurre, & garnissez en vostre pain, puis seruez vostre potage blanchy si vous voulez.

### 36. *Potage de framboises.*

Delayez des œufs auec des framboises, & passez le tout ensemble, faites bouillir du laict bien assaisonné de sel, & lors qu'il boult, iettez vostre appareil dedans, & le remuez bien, dressez le, garnissez de framboises, & seruez.

### 37. *Potage de panets.*

Nettoyez les bien, & choisissez en les moyens, faites les cuire auec du beurre & vn bouquet, & les assaisonnez de sel &

clou picqué, puis les tirez & leur ostez la peau si vous voulez, & les mettez en suite auec du beurre, & vne goutte de bouillon; faites les mitonner, & vostre sauce se trouuera liée. Vostre pain estant aussi bien mitonné, & vostre potage emply, garnissez le de vos panets, puis seruez.

38.   *Potage de poireaux.*

Prenez le blanc de vos poireaux, & les coupez bien menus, reseruez en quelques-vns, que vous couperez en long pour garnir, & lierez ensemble : faites les blanchir, & les mettez cuire auec de la purée ou de l'eau : estans cuits, faites mitonner vostre pain, & garnissez vostre potage des poireaux que vous auez coupé en long, puis seruez.

Vous les pouuez blanchir auec iaunes d'œufs.

Vous pouuez aussi y mettre du laict & du poiure, & seruir aussi-tost.

Si vous les voulez seruir sans blanchir, il faut les faire cuire auec de la purée de poix, y mettre des capres, & bien assaisonner, faire mitonner, & seruir garny de mesme sorte que l'autre.

39.   *Potage de Macreuse farcie.*

Estant bien habillées, ostez leur la

chair, & la bien achez auec beurre, champignons, iaunes d'œufs, sel, poiure, fines herbes, comme persil, siboules, thin, vn œuf cru pour lier la chair, puis farcissez vostre macreuse, & la fermez auec vne brochette, ou vn filet : empottez la auec de la purée la plus claire que vous pourrez, & la faites bien cuire, en bouillant elle ne s'espaissit que trop ; faites mitonner vostre pain, & dressez vostre macreuse auec telle garniture que vous aurez, puis seruez.

### 40. *Potage de Lottes.*

Farinez les, faites les frire, & en garnissez vostre potage apres que vostre pain sera bien mitonné auec le meilleur de vos bouillons : estant bien plein, garnissez le de ce que vous aurez, comme champignons, trouffles, asperges, laittances, & les blanchissez auec du bouillon d'amendes, ou autrement auec du bouillon d'escreuisses.

### 41. *Potage d'asperges rompuës.*

Faites seicher des croustes, & mitonner auec le meilleur de vos bouillons, garnissez les de vos asperges & champignons, & si vous voulez d'asperges en long, puis seruez.

Si vous voulez qu'elles ſentent le verd, faites les blanchir dans le bouillon dont vous faites mitonner voſtre pain.

### 42. *Potage de choux-fleurs.*

Appropriez vos choux-fleurs comme pour les mettre au beurre, & les faites fort peu blanchir; puis acheuez les de cuire, & bien aſſaiſonner : faites mitonner voſtre pain auec quelque bouillon que vous ayez, & le garniſſez de vos choux-fleurs, paſſez par le beurre, ſel & muſcade, & arroſez les de bouillon d'amendes, puis ſeruez.

### 43. *Potage de fidelle.*

Pelez cinq ou ſix oygnons, & les achez, faites les bouillir auec de l'eau & du beurre. Eſtant cuits, paſſez les dans vn linge, & du bouillon faites en cuire vos fidelles, & les aſſaiſonnez de ſel & poiure; Eſtans cuites, faites mitonner voſtre pain, & l'en garniſſez, puis ſeruez.

Vous les pouuez faire cuire auec du laict.

### 44. *Potage de riz.*

Faites blanchir voſtre riz, & eſtant bien net, faites le creuer dans de l'eau ou du laict, faites le cuire; eſtant cuit, prenez en à proportion, & le paſſez pour faire voſtre bouillon. Estant assaisonné comme le fidelle, faites mitonner vostre pain, mettez peu de ris par dessus, & le garnissez de tailladin fueilleté, & fleurons, puis seruez.

Vous pouuez faire vn potage au laict de mesme, & le seruir si vous voulez sucré & garny de macaron.

45.  *Potage de Tailladin.*

Faites vne paste assaisonnée de sel seulement, l'estendez & la coupez le plus menu que vous pourrez, passez la par la poësle, & la faites mitonner auec fort peu de bon bouillon : Estant bien mitonnée, prenez fort peu de pain, & le garnissez de vos tailladins, assaisonnez comme les fidelles, puis seruez.

*Autre façon.*

Si vous auez vn peu de paste fine ou fueilletage, estendez la, & coupez en tailladin, la passez dans du beurre affiné, garnissez en vostre potage, & seruez.

46.  *Potage de purée de poix verds.*

Faites fort peu cuire vos poix, les battez dans vn mortier, & les passez auec du bouillon d'herbes bien assaisonné, & vn bouquet, puis prenez siboule, persil & beurre, & le tout passé ensemble, iettez le dans voſtre purée, que vous ferez bouillir.

Pour la garniture, nettoyez laictuës, chicorée, ou concombres, & petits poix paſſez, & cuits auec beurre, ſel, & peu de poiure ; lors que vous ferez preſt de feruir, faites mitonner voſtre pain auec voſtre purée, & le garniſſez de ce que vous aurez, ou meſme d'artichaux en culs ſi vous voulez, puis ſeruez.

### 47. *Potage de purée de poix communs, ſeruie verte.*

Faites les cuire auec de l'eau pour auoir pluſtoſt fait, tirez en voſtre purée fort claire, & eſtant preſt à vous en ſeruir paſſez y perſil, ſerfueil, ozeille nouuelle, beurre & capres, puis la faites bouillir auec tous ces aſſaiſonnemens, faites mitonner voſtre pain auec de voſtre purée ; & ſi vous n'auez rien à garnir, garniſſez le de pain frit ou de fleurons, puis ſeruez.

Pour la ſeruir verte, battez poirée ou ozeille, & en arroſez autour de voſtre plat.

### 48. *Potage de Macreuſe aux nauets.*

Voſtre macreuſe eſtant habillée, lardez la d'anguille ou de carpe, puis la paſſez

passez par la poêsle, & la faites cuire auec moitié eau, & moitié purée bien assaisonnée de beurre, & d'vn bouquet. Estant presque cuite, coupez vos nauets, farinez les, & passez; & lors qu'ils seront bien roux, faites les cuire auec vostre macreuse: estant cuite, faites mitonner vostre pain, & l'en garnissez ensemble auec vos nauets. Que si vostre potage n'est assez lié, passez y peu de farine, capres, ou vne goutte de vinaigre, puis seruez.

### 49. *Potage de Macreuse garnie.*

Il se fait de mesme que l'autre, hormis que si vous ne voulez que vos nauets paroissent, vous les pouuez passer assaisonnez d'vn bouquet ou oygnon, & bon beurre: Estant bien cuite, seruez vostre potage bien garny de champignons, & artichaux, & peu lié.

### 50. *Potage de poireaux à la purée.*

Faites les fort peu blanchir, & cuire auec purée, bien assaisonnée de beurre & de sel: faites mitonner vostre pain, le garnissez de vos poireaux; pour lesquels blanchir, délayez des iaunes d'œufs auec du bouillon, & les iettez par dessus, puis seruez.

*Autre façon.*

Vos poireaux estans cuits, & reduits à peu d'eau, mettez y du laict bien assaisonné, & seruez.

51. *Potage de Limandes.*

Prenez vos limandes, leur ostés la queuë & la teste, & les passez à moitié frittes, puis les mettez en raux, ou en castrolle, la sauce fort longue & bien liée : faites mitonner vostre pain auec du meilleur de vos bouillons, & le garnissés de vos limandes par dessus, auec champignons & capres, puis seruez.

Si vous n'auez point de bouillon de poisson, la purée est bonne.

52. *Potage aux herbes garny de concombres.*

Prenez toutes sortes d'herbes, nettoyez les bien, & faites mitonner auec du beurre & vn bouquet sur vn petit feu, puis peu à peu les emplissez d'eau chaude. Estant bien bouillies & assaisonnées, mettez y l'entameure d'vn pain auec vn oygnon picqué, & capres si vous voulez, & le pouuez garnir de laictuës cuites, & mesme pouuez aussi parmy les herbes faire cuire des poix. Seruez promptement, & garnissez de concombres.

### 53. *Potage d'oygnon au laict.*

Vostre oygnon estant coupé fort delié, & passé auec du beurre, en sorte qu'il soit bien roux, faites le cuire auec peu d'eau, bien asaisonné de sel & de poiure: Estant cuit, mettez y du laict, & le faites bouillir, puis seruez promptement, en faisant mitonner vos croustes seiches.

### 54. *Potage de Losches.*

Estans entieres, farcissez les auec peu d'ozeille, iaunes d'œufs, & laict, & les asaisonnez bien de beurre fondu, meslez le tout ensemble sans les fariner que d'elles-mesmes, & faites les cuire auec beurre, persil, sel & poiure, & faites mitonner vos croustes auec du meilleur de vos bouillons, & les garnissez de vos losches, que vous ferez blanchir auec iaunes d'œufs, puis seruez.

Vous les pouuez seruir en Entrée, ou faire frire: vous pouuez aussi en garnir quelque potage, ou vous en seruir, afin qu'il soit brun, & garnissez si tost qu'elles seront frites.

### 55. *Potage de Viues.*

Estant bien nettoyées, faites les bouillir auec peu de purée & de vin blanc, oygnon picqué, ou vn bouquet, le tout bien afsaisonné: puis oftez vos viues, & les mettez en ragouft, prenant quelque liaifon ou trouffle: Laifsez les mitonner bien afsaisonnées de fel, beurre frais, capres achées, & vn anchois, & les couurez: pour le bouillon, pafsez le par vne eftamine, & le faites bouillir auec beurre frais, pafte, perfil & capres achées; faites mitonner vne croufte de pain, & mettez par defsus vn peu de champignons achés, & de la chair d'vne viue. Eftant bien mitonné, garnifsez le de vos viues, & le ragouft par defsus, puis ferués.

### 56. *Potage de Rouget.*

Il fe fait de mefme que celuy de viues: Seruez le de mefme, & garnifsés de ce que vous aurés.

### 57. *Potage de champignons farcis.*

Il fe fait de mefme que celuy de la Princeffe. Garniffez le de vos champignons farcis, & de laittances : rempliffez du meilleur de vos bouillons auec telle autre garniture que vous voudrez, & feruez.

### 58. *Potage de laict d'amendes.*

Vos amendes battuës, mettez les mitonner auec du laict, & vne mie de pain, puis les paffez & les affaifonnez de fel &

de sucre, lors que vous serez prest de seruir, remettez y du sucre, & seruez.

## Table des Entrées des iours maigres hors le Caresme.

| | |
|---|---|
| Solles en ragoust, | 1. |
| Brochet en ragoust, | 2 |
| Tanches en ragoust, | 3 |
| Tanches farcies en ragoust, | 4 |
| Tanches frittes & marinées, | 5 |
| Carpe à l'estuuée, | 6 |
| Carpe farcie en ragoust, | 7 |
| Carpe fritte en ragoust, | 8 |
| Carpe rostie en ragoust, | 9 |
| Carpe au demy court bouillon, | 10 |
| Achis de carpes, | 11 |
| Bresme en ragoust, | 12 |
| Saumon en ragoust, | 13 |
| Saumon à l'estuuée, | 14 |
| Truites saumonnées. | 15 |
| Lotte en ragoust, | 16 |
| Lottes frittes en ragoust, | 17 |
| Huistres au demy court bouillon, | 18 |
| Huistres en ragoust, | 19 |
| Huistres en baignets, | 20 |
| Huistres rosties, | 21 |

| | |
|---|---|
| Vilain en ragoust, | 22 |
| Vilain au court bouillon, | 23 |
| Vilain à l'estuuée, | 24 |
| Soles rosties & farcies, | 25 |
| Soles rosties sans farce, | 26 |
| Soles à l'estuuée, | 27 |
| Barbeaux en ragoust, | 28 |
| Barbeaux rostis, | 29 |
| Barbeaux au demy court bouillon, | 30 |
| Barbeaux au court bouillon, | 31 |
| Barbeaux à l'estuuée, | 32 |
| Barbuës en castrolle. | 33 |
| Limandes en castrolle, | 34 |
| Limandes frittes, | 35 |
| Limandes frittes au ius d'orange, | 36 |
| Plies en castrolle, | 37 |
| Plies rosties, | 38 |
| Macreuse en ragoust, | 39 |
| Macreuse au court bouillon, | 40 |
| Macreuse rostie en ragoust, | 41 |
| Macreuse desossée, farcie. | 42 |
| Alloze rostie en ragoust, | 43 |
| Alloze au court bouillon, | 44 |
| Alloze à l'estuuée, | 45 |
| Lamproye en ragoust, | 46 |
| Lamproye sur le gril en ragoust, | 47 |
| Lamproye à la sauce douce, | 48 |
| Anguille rostie à la sauce verte, | 49 |

Anguille à l'estuuée, 50
Anguille en seruelast, 51
Anguille en ragoust, 52
Anguille de mer, 53
Anguille de mer à l'estuuée, 54
Anguille de mer fritte en ragoust, 55
Aumare au court bouillon, 56
Aumare à la sauce blanche, 57
Langouste au court bouillon, 58
Langouste à la sauce blanche, 59
Brochet farcy, 60
Brochet rosty à la broche, 61
Maquereaux frais, rostis. 62
Harans frais rostis. 63
Harans à la sauce rousse, 64
Sardines de Royant, 65
Rouget en ragoust, 66
Grenosts en ragoust, 67
Moruë fraische rostie, en ragoust, 68
Moruë au demy court bouillon, 69
Moruë fraische en ragoust, 70
Moruë de terre neufue, 71
Soupresse de poisson, 72
Iambon de poisson, 73
Moules de poisson, 74
Raye fritte en ragoust, 75
Esperlans en ragoust, 76
Tripes de moruë fricassées, 77

*Seiches*

Seiches fricassées, 78
Merluche fritte, 79
Merluche à sauce Robert, 80
Hure de saumon à la sauce douce, 81
Hure, ou entre-deux de saumon en salade, 82
Tons marinez, 83
Maquereaux salez, 84
Harans salez, 85
Harans sorets, 86.   Truites communes, 87
Pasté de lottes, 88
Pasté d'anguilles, 89
Pasté de grenoïls, 90
Petits pastez de poisson, 91
Pasté de plies, 92
Tourte de laittances. 93

---

*Methode d'accommoder le service de poisson, dont la Table precede immediatement.*

1.   *Solles en ragoust.*

Prenez vos solles, les ratissés & vuidés, mettés égoutter, & essuyés : puis les farinés & passés par la poësle à moitié frittes : ce qu'estant fait, ouurés les, leur ostés arreste, & les farcissés de capres,

M

champignons, troufles, laictances, beurre bien frais, peu de chapelure de pain, vne fiboule, peu de verjus & de bouillon; faites mitonner le tout enfemble, & feruez auec vn jus de citron par deſſus.

2. *Brochet en ragouſt.*

Coupez le par morceaux, & le mettez auec du vin blanc, vn bouquet, & beurre bien frais, & l'aſſaiſonnez bien de capres & de champignons : puis la ſauce eſtant fort courte & bien liée, feruez auec tranches de citron & grenade.

3. *Tanches en ragouſt.*

Eſchaudez les & habillez, coupez les par ruelles, & les lauez bien, puis les mettez bouillir dans vn poëſlon, auec du ſel, poiure, & vn oygnon; mettez y demy ſeptier de vin blanc, & peu de perſil aché; & la ſauce eſtant fort courte, la liez auec iaunes d'œufs, puis ſeruez.

4. *Tanches farcies en ragouſt.*

Eſchaudez les, & defoſſez; puis de la chair en faites vne farce, que vous aſſaiſonnerez, & dont vous farcirez vos tanches auec iaunes d'œufs; mettez les en ſuite mitonner dans vn plat auec peu de bouillon & vin blanc, peu de chapelure de pain, champignons si vous en auez, asperges, laictances, & trouffles, puis seruez.

5. *Tanches frittes & marinées.*

Estant habillées, fendez les par la moitié, puis les mettez mariner auec sel, poiure, oygnon, & écorce de citron; estant marinées, retirez les & les essuyez, farinez les auec de la farine, ou délayez deux ou trois œufs auec peu de farine & de sel, & les faites frire auec du beurre affiné: Estans frites, mettez les auec leur marinade faire vn bouillon, puis seruez, & garnissez de ce que vous aurez.

6. *Carpes à l'estuuée.*

Habillez vos carpes, les écaillez, & les coupez à proportion qu'elles sont grosses: mettez les cuire dans vn pot, chauderon ou poeslon, auec du vin blanc ou clairet, & les assaisonnez bien de sel, clou, poiure, oygnon aché, siboule, capres, & quelques croustes de pain: faites bien cuire le tout ensemble, & estant bien cuit, & la sauce liée & courte, seruez.

7. *Carpe farcie en ragoust.*

Vostre carpe estant bien écaillée, vuidez la & la fendez le long de l'espine du dos: Leuez en la peau, & en tirez la chair, que vous acherez bien menuë, & assaisonnerez de persil, beurre frais, sel, poivre, iaunes d'œufs, laict & laictances; puis faites vn ragoust auec bouillon, verjus, beurre frais, champignons, asperges & siboules. Estant bien cuite, & la sauce bien liée auec chapelure, & capres, seruez.

8. *Carpe fritte en ragoust.*

Il la faut écailler & vuider, puis la fendre, oster l'arreste, la poudrer de sel, & fariner; puis la faire frire dans du beurre affiné : estant frite, seruez la seiche auec vn jus d'orange par dessus.

9. *Carpe rostie en ragoust.*

Vuidez la sortant de l'eau, la découpez par dessus, la beurrez, & la mettez sur le gril; estant rostie, faites vne sauce auec beurre frais passé par la poesle, persil & siboule achez bien menus, verjus, vinaigre, & peu de bouillon, assaisonnez bien le tout, & le faites cuire auec capres. Si vous voulez, seruez à la sauce verte, & seruez si tost que vous l'aurez mise.

10. *Carpe au demy court bouillon.*

Prenez vostre carpe venant de l'eau, la vuidez, & la coupez à proportion qu'elle est grosse, mettez la auec vinaigre, fort peu de sel, poiure & oygnon aché, puis la mettez auec capres & beurre bien frais: faites la cuire dans vn chauderon auec son appareil, & la sauce estant liée, mettez la dans vn plat, de peur que vostre chauderon ne sente l'airain, & seruez.

11. *Achis de carpes.*

Prenez des carpes, les écaillez, les vuidez & ostez la peau, la coupant par les ouys, & la tirant en embas: estant despoüillées, tirez la chair, & la hachez auec persil, puis la délayez auec du bouillon & du beurre bien frais, la bien assaisonnez, & y mettez vn bouquet; estant bien cuite, mettez y cresme ou laict auec iaunes d'œufs si vous voulez, & seruez bien garny d'asperges & de laictances de carpes.

12. *Bresme en ragoust.*

Vuidez le, & mettez vn bouquet dans le corps, faites fondre du beurre, l'en moüillez, & mettez le sur le gril: estant rosty, faites vne sauce auec beurre frais, capres, persil, & siboules hachées, faites le bien mitonner auec vinaigre, & peu de bouillon: la sauce estant bien liée, seruez.

M iij

### 13. Saumon en ragoust.

Faites le rostir picqué de cloux: Estant rosty, mettez le auec peu de beurre bien frais, vin, sel, poiure, & sucre; faites mitonner le tout ensemble iusques à ce que la sauce soit courte & presque en syrop, puis seruez.

### 14. Saumon à l'estuuée.

Coupez le par tranches l'espesseur de deux ou trois doigts, & le mettez en façon d'estuuée, & picqué de cloux, dans vne chaudiere auec vin blanc ou rouge, bien assaisonné de beurre, sel, & oygnon aché. Faites le bien cuire auec capres si vous en auez, la sauce estant courte & liée, seruez & garnissez de ce que vous voudrez.

### 15. Truites saumonnées.

Vous les ferez cuire & mariner, & seruirez de mesme façon que les communes, dont vous aurez l'enseignement cy-dessous.

### 16. Lottes en ragoust.

Ratissez les dans l'eau chaude iusques à ce qu'elles soient blanches, vuidez les & les mettez auec vin blanc, beurre frais, sel, poiure, oignon & capres; faites les mitonner, & empeschez que vostre sauce ne se tourne, c'est à dire, qu'elle ne vienne en huile. Garnissez de champignons & laictances, & seruez.

17. *Lottes frittes en ragoust.*

Estant habillées, si elles sont grosses, découpez les par dessus, & les farinez, puis les faites à moitié frire auec du beurre affiné: mettez les en ragoust, & y passez beurre frais, capres, jus de champignons, persil, siboules, sel & poiure, & la sauce estant fort courte & liée, seruez.

*Autre façon de Lottes, que l'on met à l'estuuée.*

Estant échaudées, où plusieurs les écorchent, coupez les ou les laissez entieres, & les mettez à l'estuuée auec vin blanc, peu d'oygnon, lequel si vous ne voulez qu'il paroisse, vous pouuez picquer entier auec du clou, sel, poiure, beurre, & vn brin de fines herbes: estant cuites, & la sauce fort courte & liée, seruez. Vous y pouuez mettre capres ou anchois.

18. *Huistres au demy court bouillon, sallées.*

Faites les bien blanchir, puis les passez par la poesle auec du beurre, persil, siboules, & les bien assaisonnez; faites les mitonner auec peu de vin blanc. Estant cuites, & la sauce bien liée, seruez.

M iiij

*Autre façon.*

Sortans de la coquille, mettez les auec beurre frais, muscade, siboules picquées de cloux, thin, peu de chapelure de pain, & vn jus d'orange ou de citron. Estant cuites, seruez.

*Autre façon.*

Prenez les mortes ou viues, les nettoyez & blanchissez bien, puis les passez auec vn oygnon bien menu, bon beurre frais, capres, & les bien assaisonnez: estant cuites, seruez. Vous les pouuez fricasser auec du lard, & mesme assaisonnement.

19. *Huistres en ragoust.*

Prenez les bien fraisches, faites les ouurir, & prenez garde si elles ne sont point alterées, en les touchant & frappant les vnes contre les autres: car celles qui sonnent creux, & qui sont alterées, ne valent rien qu'à saller. Estans tirées hors de l'escaille, ostez en bien le grauier, & les mettez dans vn plat auec leur eau, & les fricassez auec beurre frais, oygnon, persil bien aché, capres, & peu de chapelure de pain; estant bien cuites, seruez.

20. *Huistres en baignets.*

Prenez les aussi bien fraisches, & les

faites blanchir, les bien égoutter & essuyer. Faites vne paste auec verjus ou laict, dont vous délayerez vostre farine assaisonnée de sel, auec vn œuf ou plus à proportion : Mettez vos huistres dans cét appareil, & prenez du beurre affiné, faites le bien chauffer, & y mettez vos huistres l'vne apres l'autre Estant frites, faites les égoutter, & parsemez dessus vn peu de sel menu, & persil frit, puis seruez.

21. *Huistres rosties.*

Faites les ouurir, choisissez les meilleures, & les laissez dans leur écaille, pour les manger fraisches. A celles qui sont vn peu alterées, mettez fort peu de beurre frais, auec peu de pain passé, & vn peu de muscade, puis les mettez sur le gril. Estant cuites, faites chauffer la paisle du feu toute rouge, & la passez par dessus iusques à ce qu'elles ayent couleur, & faites en sorte qu'elles ne soient trop seiches, puis seruez.

22. *Vilain en ragoust.*

Estant habillé, faites le rostir auec vn bouquet dedans le corps bien assaisonné. Estant rosty passez vn oygnon aché, auec beurre frais, chapelure, capres & anchois;

le tout bien affaifonné, faites mitonner enfemble, & feruez.

### 23. *Vilain au court bouillon.*

Faites le roftir apres eftre forty de fon bouillon : faites vne fauce Robert, & le faites mitonner auec fa fauce, & feruez auec perfil.

### 24. *Vilain à l'eftuuée.*

Vous le pouuez accommoder à l'eftuuée de mefme qu'vne carpe, & le bien affaifonner auec capres, fiboules, perfil, & bon beurre frais, la fauce eftant fort courte, feruez.

### 25. *Soies rofties & farcies.*

Habillez les fortant de l'eau, & les dorez de beurre, puis les mettez fur le gril auec peu de farce, ou auec du fel, & vn petit brin de fauge ou fines herbes.

Pour faire voftre farce, prenez ozeille, perfil, & iaunes d'œufs, hachez & affaifonnez le tout enfemble auec vn brin de thin, puis le mettez dans vos foies, & faites vne fauce auec beurre frais, fel, vinaigre, poiure, fiboule & perfil, le tout paffé, & la fauce fort courte, feruez auec vn peu de mufcade par deffus.

### 26. *Soies rofties fans farce.*

Faites les roftir fans y mettre de farce,

faites vne sauce de mesme sorte, à laquelle vous adjousterez des capres, puis seruez.

### 27. *Soies à l'estuuée.*

Mettez les comme vne carpe, liez bien la sauce, la garnissez de vos soies, & seruez.

### 28. *Barbeaux en ragoust.*

S'ils sont menus, mettez les à l'estuuée, faites les bien cuire, & seruez. C'est tout le ragoust que l'on leur peut donner.

### 29. *Barbeaux rostis.*

S'ils sont moyennement gros, habillez les, faites les rostir, & seruez auec sauce de haut goust.

### 30. *Barbeaux au demy court bouillon.*

Prenez les assez gros, mettez les au demy court bouillon, auec vin blanc, beurre frais, sel, poiure, siboules, persil, & capres. Estant bien cuits, & la sauce liée, seruez.

### 31. *Barbeaux au court bouillon.*

Faites les cuire en leur court bouillon; estant cuits, ostez en la peau, & les mettez sur vn plat, puis faites vostre sauce liée, & la mettez par dessus; pour laquelle bien faire, prenez demy liure de beurre frais, auec vn filet de vinaigre, ou vn peu de demy court bouillon ; faites le fondre, & en fondant, mettez y vn ou deux iaunes d'œufs à proportion, faites la bien lier, & prenez garde qu'elle ne se mette en huile.

Pour la faire auec vinaigre seul, prenez muscade, sel, grozeille, ou verjus, faites cuire le tout dans du beurre : Estant cuit, tirez le de vostre beurre, & le mettez auec vostre sauce, puis seruez, car la sauce ne se veut réchauffer.

### 32. *Barbeaux à l'estuuée.*

Ils se font de mesme que la carpe, entiers ou coupez, auec verjus de grain.

### 33. *Barbuës en castrolle.*

Habillez les, & les vuidez à costé par dessous l'ouye, nettoyez les bien, & les mettez égoutter. Estant égouttées, mettez les dans vn bassin, ou en vn poeslon, auec beurre, siboules par dessous, clou battu, sel, poiure, capres, peu de vin blanc ou de vinaigre, & champignons, faites tout cuire ensemble à loisir, de peur qu'elles ne se décharnent. Estant bien cuites, & la sauce liée, seruez le costé blanc dessous, & garnissez de vos champignons.

### 34. *Limandes en castrolle.*

Habillez les, & accommodez de mesme que les barbuës, & seruez de mesme.

### 35. *Limandes frittes.*

Faites les frire, & les mettez en ragoust auec jus d'orange, beurre frais, vne siboule entiere, & capres achées, puis seruez.

### 36. *Limandes rosties.*

Faites les rostir sur le gril, & faites vne sauce auec beurre, oygnon, persil, sel, poiure & vinaigre. Le tout estant bien fricassé ensemble, mettez le mitonner auec vos limandes, faites en sorte que la sauce soit bien liée, & seruez.

### 37. *Plies en castrolle.*

Habillez les d'autre costé que les barbuës; faites les cuire, & au reste de mesme, & seruez.

### 38. *Plies rosties.*

De mesme que les limandes.

### 39. *Macreuse en ragoust.*

Plumez la bien, & l'habillez de mesme sorte qu'vn canard, puis la lardez de gros lardons d'anguille ou de carpe; mettez la à la broche, & en tournant, arrosez la de beurre, vinaigre, sel, poiure, siboules, &

écorce de citron. Estant à moitié cuite, mettez la dans vn pot auec de l'eau, & la sauce dont vous l'auez arrosée. Estant bien cuite & assaisonnée, mettez y champignons auec capres, & seruez.

40. *Macreuse au court bouillon.*

Habillez la & la lardez de mesme, puis la faites cuire auec de l'eau, & la bien assaisonnez. Lors qu'elle est à moitié cuite, mettez y vne pinte de vin blanc, & la faites bien cuire, puis seruez auec du persil par dessus.

41. *Macreuse rostie en ragoust.*

Faites la cuire de mesme sorte. Estant bien cuite, mettez la sur le gril, & y faites vne sauce Robert, ou telle autre que vous voudrez, puis seruez.

42. *Macreuse desossée, farcie.*

Farcissez la de tout ce que vous aurez auec sa chair, & mettez la en ragoust. Estant cuite, garnissez la aussi de ce que vous pourrez, côme champignons, trousses, asperges, andoüillettes, laictances, ou rissolles, ou fleurons; assaisonnez bien le tout, & seruez.

43. *Allaze rostie en ragoust.*

Vuidez la par l'ouye, & mettez dedans peu de sel, fines herbes, & vn oygnon, faites la rôtir. Estant rostie, faites vne sauce auec beurre frais, siboules, persil aché, capres, grozeilles ou verjus : le tout passé par la poësle, & bien assaisonné, faites le mitonner auec vostre alloze; délayez en le foye auec la sauce si elle n'est liée, ou en garnissez, puis seruez.

44. *Alloze au court bouillon.*

Faites la cuire auec vn court bouillon, & estant à moitié cuite, tirez la & la mettez sur le gril, puis faites la mitonner auec vne sauce rousse, & seruez.

45. *Alloze à l'estuuée.*

Eschaudez la bien, & la découpez par morceaux, faites la cuire en façon d'estuuée. Estant bien cuite, & la sauce liée, en sorte qu'elle ne s'enhuile, seruez.

46. *Lamproye en ragoust.*

Accommodez la, & seruez de mesme que l'alloze à l'estuuée.

47. *Lamproye sur le gril en ragoust.*

Estant habillée, coupez la à proportion de sa grosseur, puis la mettez sur le gril; estant cuite, faites y telle sauce que vous voudrez, pourueu qu'elle soit de haut goust, puis seruez.

48. *Lamproye à la sauce douce.*

Habillez la, & coupez de mesme, faites

vne sauce auec vinaigre, sucre, deux ou trois cloux, peu de beurre, & peu de sel; faites mitonner, & seruez.

*Autre façon.*

Découpez la par petits morceaux, & la mettez cuire auec du vin & du sucre, & fort peu assaisonnez, à cause du sucre; meslez y peu de beurre & de capres, puis seruez.

49. *Anguille rostie à la sauce verte.*

Coupez la par la longueur, & la faites rostir sur le gril: puis prenez ozeille ou poirée, & en tirez le jus. Passez vn oygnon bien menu, assaisonné de sel, poiure, vn filet de vinaigre, capres achées, & écorce d'orange. Faites mitonner vostre anguille auec cette sauce, & lors que vous serez prest à seruir, & vostre sauce bien liée, iettez vostre jus dessus, puis seruez.

50. *Anguille à l'estuuée.*

Coupez la par morceaux, & la mettez en façon d'estuuée, auec persil, capres, vin blanc, beurre frais, le tout bien assaisonné, puis seruez.

51. *Anguille en seruelast.*

Habillez vostre anguille, & l'écorchez; pour quoy faire, vous la prenez, & coupez proche de la teste, puis tirez auec vn torchon

torchon le bout de la peau en embas, de peur qu'elle ne glisse. Estant escorchée, fendez la par la moitié, & en ostez l'areste: batrez la bien, & la tranchez en deux, estendez vos deux tranches, & y mettez poiure, sel, beurre, & persil, les roulez & les liez bien serré : Empottez les auec du vin blanc, bien assaisonnez, & faites bien cuire; lors qu'elle sera bien cuite, tirez la & coupez par tranches, en garnissez vne assiette, puis seruez.

52. *Anguille en ragoust.*

Découpez la par morceaux, & la mettez dans vn poëslon, auec vin blãc, beure, siboules, persil aché, capres, sel, poiure, & peu de chapelure de pain pour lier la sauce. Estant bien cuite, seruez, & si vous voulez blanchissez auec iaunes d'œufs.

*Autre façon.*

Vous la pouuez frire auec beurre affiné ou huile. Estant habillée, coupez les costez, & ostez l'areste, faites la vn peu mariner, & si vous en voulez garnir, faites la frire si tost que vous voudrez : Si c'est pour seruir chaud, ne la faites frire que lors que vous en aurez affaire ; ce que vous ferez, apres l'auoir bien essuyée, coupée fort deliée, & farinée, ou passée par vne paste. Seruez auec ius d'orange ou de citron.

*Autre façon.*

Faites la rostir comme la lamproye, de haut goust, auec telle garniture que vous voudrez, puis seruez.

53. *Anguille de mer.*

Accommodez la de mesme que le premier ragoust d'anguille commune, cy-deuant.

54. *Anguille de mer à l'estuuée.*

Estant habillée, coupez la par tronçons, & l'assaisonnez de mesme sorte que les autres estuuées.

55. *Anguille de mer fritte en ragoust.*

De mesme que le second ragoust d'anguille commune, puis seruez.

56. *Aumar au court bouillon.*

Faites le cuire au court bouillon bien assaisonné de ce qui luy est necessaire: Estant cuit, fendez le par la moitié, & le seruez auec vinaigre & persil.

57. *Aumar à la sauce blanche.*

Estant cuit, desossez le, & en coupez la chair par morceaux, que vous fricasserez auec du beurre, persil aché, & vn filet de verjus: ce qu'estant fait, prenez trois ou quatre iaunes d'œufs, auec vn peu de

muscade, & les mettez dans la poësle; seruez aussi-tost, & garnissez des pieds de
vostre aumar.

58. *Langouste au court bouillon.*

Faites la cuire, assaisonner & fricasser
de mesme que l'aumar, & garnissez des
pieds de vostre langouste, puis seruez.

59. *Langouste à la sauce blanche.*

Aussi de mesme que l'aumar: seruez la
seiche auec persil.

60. *Brochet farcy.*

Fendez le le long du dos, & en leuez la
peau depuis la teste iusqu'à la queuë: ostés
la chair, & les petites arrestes, laissez l'espine du dos pour quand il sera farcy le tenir plus ferme. Pour ce faire, prenez moitié chair de brochet, & moitié de carpe,
ou d'anguille, achez la bien menuë auec
persil, iaunes d'œufs, sel, poiure, fines herbes, beurre & laict meslez ensemble, auec
champignons; farcissez vostre brochet, &
le recousez, puis mettez le cuire dans vne
lechefritte faites vostre sauce auec bouillon de poisson, ou purée, vn filet de verjus, & vn peu de vinaigre, que vous passerez auec persil, capres & champignons,
que vous assaisonerez & ferez bien cuire,

Seruez & garniffez de ce que vous voudrez, eftant bien cuit.

61. *Brochet rofty à la broche.*

Accommodez le de mefme forte, & le mettez à la broche: pour le faire tenir, enueloppez le de papier beurré, & lors qu'il fera cuit, faites le mitonner dans vne mefme fauce que l'autre, & le garniffez de champignons, laittances, piftaches, troufles, & afperges rompuës, & prenez garde que la fauce ne foit trop graffe; puis feruez auec grenades, ou écorce de citron.

62. *Maquereaux frais, roftis.*

Faites les roftir auec du fenoüil. Eftant roftis, ouurez les, & leuez l'arrefte, puis faites vne bonne fauce, auec beurre, perfil, & grozeilles, le tout bien afsaifonné: faites mitonner vn bouillon vos maquereaux auec voftre fauce, puis feruez.

63. *Harans frais roftis.*

Vuidez les par l'ouye, & les faites roftir fur le gril, moüillez de beurre: lors qu'ils feront roftis, faites vne fauce auec du beurre frais, vn filet de vinaigre, fel, poiure & mufcade; meflez y de la moutarde, & feruez.

### 64. *Harans à la sauce rousse.*

Vos harans estant rostis, faites vne sauce rousse, auec persil & siboules achées, que vous ietterez dãs vostre beurre roux auec vn filet de vinaigre. Si vous voulez, ioignez y capres, & seruez.

### 65. *Sardines de Royant.*

Apres que vous les aurez écaillées, accommodez les de mesme que les harans rostis; seruez auec vne sauce blanche, ou sauce rousse, auec moutarde.

### 66. *Rouget en ragoust.*

Apres l'auoir bien habillé, mettez le dans vn plat, & l'assaisonnez bien de beurre, sel, poiure, vn bouquet, champignons, persil aché, verjus & bouillon; faites le cuire entre deux plats. Estant cuit, seruez le auec vne sauce liée; pour la garniture, vous en mettrez si vous en auez, sinon vous vous en passerez.

Vous pouuez aussi l'accommoder comme le grenost, qui suit immediatement.

### 67. *Grenost en ragoust.*

Habillez le, & découpez, puis beurrez le bien, & le mettez rostir sur le gril. Estát rosty, faites vne sauce rousse, auec laquelle vous le ferez mitonner, pour luy faire prendre sel, & le goust de ce que vous y aurez pû mettre, seruez.

68. *Moruë fraische rostie, en ragoust.*

Estant habillée, il la faut beurrer, & faire rostir sur le gril, assaisonnée de sel & clou picqué. A mesure qu'elle rostit, arrosez la de beurre. Estant rostie, faites vne sauce auec beurre bien frais, dans lequel, estant moitié roux, vous ietterez persil aché, & si vous voulez, oygnon ou siboules, lesquelles vous pouuez oster pour les fantasques ; meslez y vn peu de bouillon, vn filet de vinaigre, & capres achées ; faites mitonner vostre moruë dans sa sauce ; estant prest de seruir, mettez y si vous voulez de la moutarde, puis seruez.

69. *Moruë au demy court bouillon.*

Faites la cuire auec du vin blanc, sel, poiure, & vn bouquet ; Estant cuite, mettez la égoutter, & faites vne sauce auec beurre, vn filet de son court bouillon, peu de muscade, & de sel ; mettez la sur le feu, & tournez la bien ; en tournant, délayez y deux iaunes d'œufs, & la iettez dessus vostre moruë, puis seruez.

70. *Moruë fraische en ragoust.*

Estant écaillée, vuidez la, & découpez par dessus, puis la mettez dans vne lechefritte, ou dans vn bassin plat, auec bon beurre, sel, poiure, & clou battu, par dessous des siboules, du bouillon, ou de la purée : faites bouillir le tout, & y mettez du persil, vn filet de vinaigre, & vn peu de chapelure de pain par dessus : faites la cuire deuant le feu, ou dans vn four pour le mieux. Estant cuite, seruez.

71. *Moruë de terre neufue.*

Prenez la bien dessallée, ratissez la, & faites cuire dans vne chaudiere auec de l'eau fraische, faites la bouillir vn bouillon, & l'escumez. Estant écumée, ostez la de dessus le feu, & la couurez de quelque nappe en double. Lors que vous serez prest de seruir, mettez la égoutter, faites vne sauce auec du beurre seul, empeschez qu'il ne se tourne, le mettez dessus vostre moruë, & seruez auec persil dessus, & autour.

72. *Soupresse de poisson.*

Prenez chairs de carpe, d'anguille, & de tanche, achez les ensemble, & assaisonnez de peu de beurre bien frais, de capres & de fines herbes. Seruez le tout dans vn linge, & le liez, puis le faites cuire auec du vin blanc, en façon de court bouillon. Estant cuit, mettez le égoutter ; estant

N iiij

égoutté, defliez le, le coupez par tranches, & le seruez sur vne assiette comme du jambon.

### 73. Iambon de poisson.

Il se fait de mesme sorte que la soupresse, hormis que vous enueloppez vostre appareil de peau de carpe, dessus vne enueloppe de papier beurré, & par dessus encore vn linge; faites le cuire de mesme sorte, & seruez froid de mesme qu'vn jambon.

### 74. Moules de poisson.

Nettoyez les, & les faites bouillir vn bouillon auec vn bouquet. Si tost qu'elles seront ouuertes, tirez les, & les ostez de dedans la coquille, puis les fricassez auec du beurre frais perfil & siboules achées, assaisonnées de poiure & muscade : puis délayez iaunes d'œufs auec verjus, & les meslez ensemble. Seruez, & garnissez de leurs coquilles les mieux faites.

### 75. Raye fritte en ragoust.

Il la faut habiller, la bien lauer, & oster le limon qui est dessus, puis la vuider & oster le foye bien proprement, & l'amer adroitement. Si vostre raye est grosse, ostez en les deux côtés, & laissez le corps, faites les cuire auec du vin blanc, ou verjus, sel, poiure, oygnon, & fines herbes. Estant cuits, laissez les vn peu prendre sel, & prenez garde au goust d'airain, tirez les en suite, & enleuez la peau, faites vne sauce rousse auec du beurre, persil, & siboules bien menuës, & passez auec le beurre roux : mettez y vn filet de vinaigre, & vn morceau de foye, & le faites mitonner auec. Seruez auec grozeilles ou verjus dans la saison, & garny par dessus du reste du foye que vous aurez ietté dās la chaudiere, vostre raye estant à moitié cuite, & la coupez par tranches.

76. *Esperlans en ragoust.*

Enfilez les par l'œil de rang en rang auec vne petite verge, farinés les & les faites frire. Estant bien frits, mettez y peu de sel menu, & tirez la verge en les mettant sur le plat, puis seruez auec vne orange ou citron.

77. *Tripes de moruë fricassées.*

Faites les cuire, & estant cuites, fricassez les auec du beurre, oignon aché, ou siboules, persil, sel & poiure, & sur la fin, du vinaigre, & vn peu de muscade. Vous les pouuez blanchir auec iaunes d'œufs au verjus, & seruez.

### 78. *Seiches fricassées.*

Faites les bouillir, & estant cuites, découpez les par morceaux, & les fricassez de mesme que les tripes de moruë, & seruez.

### 79. *Merluche fritte.*

Estant bien dessallée, coupez la par morceaux, & la faites cuire. Estant cuite, mettez la égoutter, & la fricassez auec beurre, oygnon, poiure & vinaigre, puis seruez.

### 80. *Merluche à la sauce Robert.*

Vous la pouuez mettre auec du beurre, vn filet de verjus, & de la moutarde, & y pouuez aussi mesler des capres & des siboules.

*Autre façon.*

Elle se peut aussi seruir auec huile, vinaigre, & oygnon aché.

### 81. *Hure de saumon à la sauce rousse.*

Faites la bien dessaler, écaillez la, & la mettez bouillir dãs l'eau, & la laissez cuire à proportion qu'elle est épaisse, puis la laissez reposer. Lors que vous en aurez affaire, faites vne sauce rousse auec du beurre, oygnon, poiure, vinaigre, la mettez par dessus, & seruez.

*Autre façon.*

Estant cuite, mettez la égoutter, & refroidir, & la seruez auec de l'oygnon aché, de l'huile d'oliue, & du vinaigre.

82. *Hure ou entre-deux de saumon à la sallade.*

Estant cuit, mettez le auec huile, vinaigre, cresson, ou autre telle sallade, que vous voudrez, & capres si vous en auez, puis seruez.

83. *Tons marinez.*

Habillez les, & coupez par tranches ou tronçons de l'épaisseur de trois doigts, les picquez de cloux, & les mettez dans vn pot, auec du sel, poiure, vinaigre, & quelques fueilles de laurier. Couurez le bien, & lors que vous voudrez vous en seruir, faites dessaller vos tronçons, & en suite cuire auec du vin. Seruez les secs, ou auec vne sauce rousse, assaisonnée de tout ce que vous voudrez.

84. *Maquereaux salez.*

Fendez les le long du ventre, & les salez : pour vous en seruir, faites les dessaler, & cuire auec de l'eau. Estant cuits, seruez auec du persil, du vinaigre, & du poiure, vous y pouuez mettre de l'huile si vous voulez.

*Autre façon.*

Eſtans cuits de meſme, faites y vne ſauce auec beurre, oygnon, vinaigre, poiure, & moutarde, faites mitonner, & ſeruez.

### 85. *Harans ſallez.*

Les harans ſe ſallent au ſortir de la mer, & ſe vuident par l'ouye, & incontinent on l'enfonce dans des tonnes. Lors que vous en aurez affaire, faites les deſſaller, égoutter, & eſſuyer; apres quoy, vous le ferez roſtir, & ſeruirez auec de la moutarde, ou auec des poix.

*Autre façon.*

Vous le pouuez ſeruir à l'eſtuuée, le coupant par morceaux, & le faiſant cuire auec de l'oygnon & du beurre.

### 86. *Harans ſorets.*

Eſtant à moitié ſallez, enfilez les, & mettez enfumer à la cheminée; lors que vous en aurez affaire, ouurez les, & les faites tremper dans du laict; pour ſeruir, tirez les, & faites fort peu roſtir ſur le gril, & ſeruez ſi vous voulez auec de la moutarde.

### 87. *Truites communes.*

Habillez les par l'ouye, faites les mariner. Eſtant marinées, ciſelez les à proportion de la grosseur, & faites cuire en suite tout à loisir au court bouillon, assaisonné de tout ce qui est necessaire, & dont vous trouuerez la façon en beaucoup d'endroits de seruice de poisson; & prenez garde qu'elles ne se descharnent : estant cuites, seruez les entieres auec persil, & vne seruiette ployée.

### 88. *Pasté de lottes.*

Vos lottes estant habilléées, & bien blanchies, coupez les par morceaux, & les mettez dans vne abbaisse de paste fine ou fueilletée, auec quelque garniture, comme laictances, capres, asperges rompuës, champignons, iaunes d'œufs, & assaisonnez le tout, puis seruez.

### 89. *Pasté d'anguille.*

Coupez la par ruelle, & la mettéz dans vostre abbaisse, bien assaisonnée auec iaunes d'œufs, persil, champignons, asperges, laictances, verjus de grain, ou grozeilles en la saison; & ne plaignez le beurre, ny sel, ny poiure; couurez vostre pasté, & le dorez. Pour le soustenir, prenez des petites bandes de papier, & les beurrez, mettez les au tour, & les serrez doucement auec vn filet; faites le cuire, & estant cuit, délayez trois iaunes d'œufs auec vn filet de verjus, & vn peu de muscade, & lors que vous serez prest à seruir, mettez y vostre liaison, & la meslez bien, ouurez le en suite, & le seruez garny au tour de la crouste coupée en quatre.

### 90. *Pasté de grenoß.*

Habillez vostre grenost, ou plusieurs si vous les auez, & le découpez par dessus, faites vne abbaisse de paste fine, de telle façon que vous voudrez, dressez vostre pasté, & estant dressé, mettez vostre poisson dedans, garny de ce que vous aurez, comme champignons, capres, persil aché, iaunes d'œufs, cus d'artichaux, & asperges rompuës, le tout bien assaisonné de beurre, sel, poiure, & muscade, puis le couurez & dorez. S'il est dressé, bandez le auec du papier beurré, faites le cuire, & n'oubliez pas de luy donner vent si tost qu'il aura pris crouste, car il en prendroit de soy-mesme, & possible par embas, & par ce moyen perdroit toute sa sauce, que vous ne pourriez plus remettre en la mesme sorte. Estant cuit, faites vne liaison auec iaunes d'œufs, & vn filet de verjus, & la faites entrer dans vostre pasté par dessus auec vn entonnoir, & la meslez bien auec la sauce en la remuant. Seruez le chaud, découuert, & garny au tour de sa crouste de dessus, coupée comme vous voudrez.

91. *Petits pastez de poisson.*

Desossez vne carpe, & vne anguille, achez en la chair auec persil, vn petit brin de thin, & de beurre; estant bien achée & asaisonnée auec muscade, faites vne paste fine, & dressez vos pastez de telle grandeur qu'il vous plaira, les emplissés, couurez, & dorez; sur les grands, vous pouuez mettre vn chapiteau. Estant cuits, seruez.

92. *Pasté de plies.*

Estant habillées, dressez vostre pasté en abbaisse, de la grandeur de vos plies, & mettez dedans vos plies, découpées seulement par dessus, & garnies de champignons, asperges, artichaux, capres, & iaunes d'œufs; le tout bien asaisonné de beurre bien frais, sel, poiure, persil aché, & vne tranche de citron ou d'orange; couurez le, & faites cuire. Estant cuit, meslés y iaunes d'œufs, délayés auec du verjus, puis serués.

93. *Tourte de laittances.*

Faites les bien blanchir, & égoutter, puis faites vostre abbaisse, & la garnissés de vos laictances, champignons, trouffles, capres, iaunes d'œufs durs, asperges rompuës, cus d'artichaux, sel, poiure, persil, & beurre frais : couurés la, & faites cuire dans vn four, ou dans vne tourtiere, dorés auec des œufs, si c'est en charnage : lors qu'elle a pris crouste, donnés luy vent : estant cuite, descouurés la bien proprement; coupés le dessus en quatre, mettés le au tour, & serués.

---

*Table des œufs d'Entrée, qui se seruent à present.*

| | |
|---|---|
| Oeufs farcis, | 1. |
| Oeufs au pain, | 2 |
| Oeufs au miroir, | 3 |
| Oeufs au beurre noir, | 4 |
| Oeufs au laict, | 5 |
| Oeufs à l'ozeille, | 6 |
| Oeufs fricassez en tranches, | 7 |
| Oeufs pochez à l'eau, | 8 |
| Oeufs à la cresme, | 9 |
| Omelette de cresme, | 10 |
| Omelette de persil, | 11 |
| Oeufs au verjus, | 12 |
| Oeufs aux anchois, | 13 |

*Oeufs*

| | |
|---|---:|
| Oeufs au fromage, | 14 |
| Oeufs brouillez, | 15 |
| Oeufs au miroir, de cresme, | 16 |
| Oeufs faits dans des verres, | 17 |
| Omelette farcie, | 18 |
| Oeufs à la neige, | 19. |

*Maniere d'apprester les œufs, dont la Table est cy-deuant.*

### 1. Oeufs farcis.

Prenez de l'ozeille seule, si vous voulez, ou auec d'autres herbes ; lauez les & les secoüez, puis les achez bien menuës, & les mettez entre deux plats auec du beurre frais ; ou les passez par la poësle ; Estant passées, mettez les mitonner, & assaisonnez. Vostre farce estant cuite, prenez des œufs durs, fendez les par la moitié en trauers, ou en long, & en tirez les iaunes, délayez les auec vostre farce, & estant délayez, faites les mitonner sur le feu, & y mettez peu de muscade ; & seruez garny de vos blancs d'œufs, que vous pouuez faire roussir.

### 2. Oeufs au pain.

Prenez du pain, emiez le, & le passez par vne couloire si vous voulez. Faites fõdre du beurre, & estãt fondu, mettez le auec vostre pain & du sucre; puis choisissez des œufs bien frais ce qu'il vous en faut, & les battés bien auec vostre pain, sucre, beurre, sel, & vn peu de laict. Pour les faire cuire, faites fondre vn morceau de beurre bien chaud, mettez vostre appareil dedans, & le faites cuire. Pour leur donner couleur, faites chauffer la paisle du feu toute rouge, passez la par dessus, & seruez sucré.

### 3. Oeufs au miroir.

Choisissez des œufs bien frais, faites fondre vn morceau de beurre aussi bien frais, auec vos œufs, & vn peu de sel; lors qu'ils sont cuits, mettez y vn peu de muscade, & prenez garde que les moyeux ne soient creuez, ny trop cuits, puis seruez.

### 4. Oeufs au beurre noir.

Cassez vos œufs bien frais dans vn plat, & gardez que les moyeux ne se creuent, mettez y du sel, faites roussir du beurre & les faites cuire dedans. Estant cuits, iettés vn filet de vinaigre dans la poësle, le passez sur le feu, mettez le sur vos œufs, & seruez.

5. *Oeufs au laict.*

Cassez vos œufs, sallez les, & sucrez si vous voulez; battez les bien, & y meslez vostre laict; pour les faire cuire, faites fondre peu de beurre frais, estant fondu, mettez vostre appareil dedans, faites les cuire, & leur donnez couleur auec la paisle du feu. Estant cuits, seruez & sucrez.

6. *Oeufs à l'ozeille.*

Choisissez de l'ozeille bien ieune, estant bien nette & bien égouttée, mettez la entre deux plats auec du beurre, du sel, & du poiure. Estant bien consommée, délayez y vn iaune d'œuf, & la garnissez d'œufs coupez en quartiers, ou comme vous voudrez, & seruez.

Pour tenir vos œufs tousiours bien frais, mettez les dans de l'eau fraische.

7. *Oeufs fricassez en tranches.*

Faites les durcir, ostez leur la coquille, & les coupés par trãches, puis les fricassés auec bon beurre, persil, siboules achées, poiure, grozeilles, ou verjus de grain: Estant bien fricassez & assaisonnez, mettez les dans vn plat auec vn filet de vinaigre passé dans la poësle. Si la sauce est trop courte, mettez y vne goutte de boüillon, puis seruez auec muscade : Si vous voulez, meslez y capres, champignons, asperges rompuës, fricassées auant que les mesler, aussi bien que les champignons, car la cuisson n'en vaudroit rien.

### 8. *Oeufs pochez à l'eau.*

Choisissez les œufs les plus frais que vous pourrez, faites bouillir de l'eau, & lors qu'elle boult, cassez vos œufs dedãs cette eau, laissez les vn peu cuire frappant sur la queuë du poëslon, de peur qu'ils ne s'attachent au fonds, & qu'ils ne bruslent, puis tirez les doucement, & les mettez égoutter : pour seruir, faites vne sauce rousse, ou verte auec vne poignée d'ozeille, dont vous tirerez le jus, puis faites fondre peu de beurre auec sel, muscade, & vn iaune d'œuf, le tout bien assaisonné & delayé ensemble; apres quoy, vous y mettez vostre jus, & les remuez; & serués aussi-tost.

### 9. *Oeufs à la cresme.*

Cassez des œufs à proportion, ostez en la moitié des iaunes, & les battez bien auec du sucre, & peu de sel; meslez y vostre cresme, & faites cuire le tout dans vn poëslon. Estant cuit, seruez sur vne assiette, & sucrés. Si vous voulez donner couleur, vous le pouuez auec la paisle du feu; & si vous aimés la senteur, vous y en pouuez mettre.

10. *Omelette de cresme.*

Cassez des œufs, ostés en la moitié des blancs, assaisonnés les de sel & de cresme, & battés bien le tout ensemble; faites chauffer du beurre vn peu plus qu'à l'ordinaire; & estant cuite, serués la en carré, ou en équierre, ou en l'estat qu'elle est, & sucrés la bien si vous voulés.

11. *Omelette de persil.*

Cassés vos œufs, & assaisonnés les de sel, persil aché menu, & siboules si vous voulés; battés les bien auec du beurre, & faites vostre omelette: estant faite, vous la roulés si vous voulés, & la coupés par ruelles, garnissés en vne assiette; sucrés, & serués le plus promptement que se pourra.

12. *Oeufs au verjus.*

Apres auoir cassé vos œufs, assaisonnés les de sel, & les battés bien: ostés en les germes, & tirés de la braise, sur laquelle vous les ferés tourner en mettant beurre & verjus de grain battus & passés. Estás cuits, serués, mais prenés garde qu'ils ne soient trop liés.

### 13. Oeufs aux anchois.

Nettoyés bien vos anchois, & les dessalés, les changeant souuent d'eau ou de vin: ostez leur l'areste, & les mettez fondre auec du beurre bien frais: Estans fondus, cassez des œufs à proportion que vous auez de sauce ; & estant cuits & brouillés, serués les auec vn peu de muscade.

### 14. Oeufs au fromage.

Prenés beurre & fromage, & les faites fondre ensemble, ce que vous pourrés facilement faire en coupant vostre fromage fort delié : lors qu'ils seront fondus, cassés des œufs à telle quantité que vous iugerés pouuoir cuire dans ce que vous aués de fondu. Estant bien battus, mettés les sur le feu, & à mesure qu'ils cuisent, remués les ; & estant cuits, sans estre trop liés, serués auec vn peu de muscade.

### 15. Oeufs brouillez.

Faites fondre du beurre auec des œufs dans vn plat, assaisonnés de sel & de muscade : lors qu'ils sont sur le feu, remués les auec vne cuilliere, iusques à ce qu'ils soient cuits, & serués.

16. *Oeufs au miroir de cresme.*

Faites vn lict de beurre dans vostre plat, & cassez vos œufs dessus. Estans cassez, assaisonnez les de sel, puis y mettez de la cresme iusques à ce que les œufs soient cachez, ou du laict, pourueu qu'il soit bon : puis les faites cuire, & leur donnez couleur auec la paisle rouge, puis seruez.

17. *Oeufs faits dans des verres.*

Faites vn appareil semblable aux œufs de pain, & y adjoustez de la cresme, qui ne soit point aigre, & pour le reste, peu de sucre, & peu de mie de pain : prenez en suite des verres de fouchere, mettez les sur vne assiette proche le feu auec fort peu de beurre dedans : le beurre estant fondu, mettez aussi vostre appareil dans ces verres : comme ils sont deuant le feu, ils cuisent, mais à mesure qu'ils cuiront, tournez les : estant cuits, sur vne autre assiette, ils sortiront des verres la pointe en haut ; seruez les ainsi, & garnissez de cannelle, & écorce de citron confite.

18. *Omelette farcie.*

Cassez vos œufs, & y mettez plus de

iaunes que de blancs: mettez y quelque reste de farce si vous en auez, ou en faites vne exprés, & la faites cuire auant que de la faire cuire auec vos œufs: assaisonnez le tout de sel, & si vous voulez de sucre, battez la bien, & faites cuire auec du beurre ou du lard, puis seruez vostre omelette sucrée si vous voulez, & la ployez en carré, ou en équierre, ou la roulez pour la couper par tranches.

19. *Oeufs à la neige.*

Cassez des œufs, separez les blancs d'auec les iaunes, mettez les iaunes dans vn plat sur du beurre, & les assaisonnez de sel, & posez les sur de la cendre chaude: battez & foüettez bien les blancs, & peu auant que de seruir, iettez les sur les iaunes auec vne goutte d'eau rose, & la paisle du feu par dessus, puis sucrés & seruès.

*Autre façon.*

Vous pouués mettre les iaunes au milieu de la neige, qui est de vos blancs foüettés, & les faites cuire deuant le feu vn plat derriere.

## Table du Second de poisson.

| | |
|---|---|
| Turbots au court bouillon, | 1. |
| Barbuës au court bouillon, | 2 |
| Viues rosties sur le gril, | 3 |
| Solles frittes, | 4 |
| Saumon au court bouillon, | 5 |
| Esturgeon au court bouillon, | 6 |
| Grenosts en castrolle, | 7 |
| Bescard au court bouillon, | 8 |
| Marsoüin au court bouillon, | 9 |
| Marsoüin en ragoust, | 10 |
| Limandes frittes en ragoust, | 11 |
| Louxtre de mer au court bouillon, | 12 |
| Louxtre de mer sur le gril, | 13 |
| Raye fritte, | 14 |
| Tanches au court bouillon, | 15 |
| Alloze au court bouillon, | 16 |
| Alloze rostie, | 17 |
| Moruë fraische, | 18 |
| Breme rostie, | 19 |
| Brochet au bleu, | 20 |
| Brochet à la sauce, | 21 |
| Truites au court bouillon, | 22 |
| Truite saumonnée, | 23 |
| Perches au court bouillon, | 24 |

Lottes, 25
Lottes en castrolle, 26
Carpe au bleu, 27
Carpe farcie, 28
Esperlans, 29
Plies, 30
Macreuse, 31
Macreuse en ragoust, 32
Barbuës en castrolle, 33
Brochet farcy & rosty, 34
Saumon à la sauce douce, 35
Lottes en ragoust, 36
Carpe au demy court bouillon, 37
Tanches frittes en ragoust, 38
Barbeaux en ragoust, 39
Barbeaux en castrolle, 40
Solles en ragoust, 41
Vilain en ragoust, 42
Vilain au court bouillon, 43
Hure de saumon, 44
Iambon de poisson, 45
Rouget, 46
Maquereaux frais, 47
Alloze rostie, 48
Harans frais, 49
Sardines de Royant, 50
Lamproyes de toutes sortes, 51
Anguilles de toutes sortes, 52

| | |
|---|---|
| Aumar de toutes sortes, | 53 |
| Langouste au court bouillon, | 54 |
| Huistres rosties, | 55 |
| Carpe fritte, | 56 |
| Barbeaux à la sauce, | 57 |
| Plies rosties en ragoust, | 58 |
| Plies en castrolle. | 59 |

*Discours & methode de seruir le poisson, dont la Table precede immediatement.*

### 1. Turbost en castrolle.

Habillez le, & le vuidez par dessous le ventre au moyen d'vne fente que vous y ferez bien proprement, ou autrement par l'ouye: mettez le dans vne poësle auec vin blanc iusques à ce qu'il trempe, & l'assaisonnez bien de sel poiure, clou, fines herbes, comme rosmarin, thin & oygnon, & le laissez cuire tout à loisir, de peur qu'il ne se décharne : estant cuit, laissez le reposer fort peu, de peur qu'il ne prenne le goust d'airain. Seruez le garny de fleurs & persil.

Vous le pouuez couper auant que de le faire cuire de la mesme façon.

2. *Barbuë au court bouillon.*

Elle s'accommode de mesme sorte que le turbost, hormis qu'il ne faut pas que le court bouillon soit de si haut goust, parce qu'elle prend plustost sel, d'autant qu'elle est plus deliée. Estant cuite, seruez persil dessus.

3. *Viues rosties sur le gril.*

Les viues sont dangereuses à cause de certains picquants qu'elles ont proche la teste, c'est pourquoy lors que vous les habillerez, souuenez-vous de les ratisser, & de leur couper ces trois pointes, & la teste par les ouyes, par où aussi vous les vuiderez. Estant ainsi habillées & vuidées, découpez les par dessus, & faites fondre du beurre, & en passez par les coupeures auec sel & clou, puis les mettez sur le gril; estant rosties, faites vne sauce rousse auec beurre frais, sel & poiure, persil aché, grozeilles, ou verjus de grain & vn fillet de vinaigre, faites les mitonner auec vostre sauce, & seruez.

4. *Solles frittes.*

Estant habillées, essuyez les, & si elles sont grosses, fendez les le long du dos: farinez les & faites frire dans de l'huile d'oliue, ou du beurre affiné : Estant frittes poudrez les de sel par dessus, & seruez auec orange.

5. *Saumon au court bouillon.*

Vuidez le par l'ouye, le cizelez le long du dos, & le mettez dans vostre court bouillon bien assaisonné. Estant bien cuit, seruez.

6. *Esturgeon au court bouillon.*

Il se peut seruir rosty sur le gril, mais au second, il le faut mettre au court bouillon, & le seruir de mesme que le saumon, à la reserue qu'estant cuit vous prenez deux ou trois seruiettes ployées, & les mettez par dessus semées de persil, puis seruez.

7. *Grenost en castrolle.*

Quoy qu'il se serue d'ordinaire au court bouillon, neantmoins au second il le faut seruir en castrolle, & pour cét effect, le mettre dans vn poëslon, le bien assaisonner & garnir de champignons & trouffles, sur tout prenez garde qu'estant cuit il ne soit point décharné, puis seruez.

8. *Bescard au court bouillon.*

Accommodez le, & le seruez de mesme que l'esturgeon cy deuant, auec trois seruiettes semées de persil.

9. *Marsoüin au court bouillon.*

Il se sert & accommode de mesme sorte, excepté que la cuisson en est bien plus longue. Estant cuit, seruez.

10. *Marsoüin en ragoust.*

Coupez le par pieces, & le faites rostir à la broche: en cuisant, arrosez le de beurre, sel vinaigre & poiure; estant bien cuit, arrosez le d'vne autre sauce auec beurre & oygnon aché, & puis meslez le tout ensemble, & les faites mitonner, meslez y vn peu de farine, & seruez.

11. *Limandes frittes en ragoust.*

Elles s'accommodent de mesme qu'au discours des Entrées de poisson, ci deuāt.

12. *Louxtre de mer au court bouillon.*

Habillez le & le preparez pour le mettre au court bouillon, lequel vous accommoderez de mesme sorte que celuy des barbeaux. Estant bien cuit, seruez le sec auec persil par dessus, ou vne seruiette.

13. *Louxtre de mer sur le gril.*

Habillez le, & faites rostir: estant rosty, faites y vne sauce telle que vous voudrés, pourueu qu'elle soit de haut goust; & d'autant que ces grosses masses ont peine à prendre goust, fendez le ou découpez par dessus, faites le mitonner auec sa sauce, tant à peu prés qu'il en soit imbu, puis seruez & garnissez de ce que vous aurez.

### 14. *Raye fritte.*

Estant bien habillée & nettoyée, mettés la mariner auec du vinaigre bien assaisonné; & peu auant que de seruir, faites la frire auec du beurre affiné, ou de l'huile d'oliue: estant bien cuite & rissollée, mettez la égoutter, & la sursemez de sel menu: puis la seruez entiere, ou les deux costez rassemblez, auec orange.

### 15. *Tanches au court bouillon.*

Apres les auoir bien échaudées, vous les pouuez mettre au court bouillon, & les seruir auec persil.

### 16. *Alloze au court bouillon.*

Vous pouuez aussi mettre l'alloze au court bouillon, la seruant auec son écaille bien assaisonnée de persil, ou vne seruiette.

### 17. *Alloze rostie.*

Sortant du court bouillon mettez la sur le gril; estant rostie, faites vne sauce façon de barbe Robert, & faites mitonner ensemble, mais fort peu, puis seruez, & si vous voulez mettez y des capres.

*Autre façon.*

Estant écaillée & habillée par l'ouye, bien nette & essuyée, passez la dans du beurre frais, & la faites bien rostir, puis la fendez tout le long du dos, ostez toutes les arrestes qu'il y peut auoir, & la refermez : prenez la laitte, & auec quantité de bonnes herbes, faites vne sauce vn peu picquante, d'autant que le poisson est doux de soy : faites y entrer capres, anchois, champignons, & la liez auec vn peu de chapelure de pain passé.

Ou autrement faites vne farce auec de l'ozeille bien assaisonnée, & ayant bouilli vn bouillon, seruez.

### 18. *Moruë fraische.*

Mettez la en façon de court bouillon, la laissez fort peu bouillir, & la retirez : puis la laissez reposer, & couurez d'vne nappe ou d'vne seruiette, & lors que vous voudrez seruir, mettez la égoutter, faites vne sauce liée, & seruez auec persil.

### 19. *Bresme rostie.*

Estant habillée, faites la rostir sur le gril, & la beurrez : estant rostie, faites vne sauce auec beurre frais, persil & siboules, vinaigre, sel, & poiure : faites mitonner le tout ensemble.

*Autre*

*Autre façon.*

Vous la pouuez mettre au court bouillon, puis la faire roftir, & apres vne fauce auec beurre bien frais, perfil & fiboules achées, paffer le tout par la poêfle ; lors que vous voudrez feruir, meflez y vn jus d'ozeille, & feruez.

20. *Brochet au bleu.*

Habillez le fortant de l'eau, & le coupés ou le laiffez entier ; & en cette derniere eau, cizelez le le long du dos, puis le mettez dans vn baffin, & prenez fel, vinaigre, oygnon, poiure, & efcorce à quantité, faites bouillir le tout enfemble vn feul bouillon, le iettez fur voftre brochet, & auffi-toft il deuient bleu : pour le cuire, faites bouillir voftre vin blanc bien affaifonné, mettez y voftre brochet, & le laiffez cuire : gouftez à voftre court bouillon s'il eft affez fort, & laiffez y repofer le brochet iufques à ce qu'il ait pris affez de gouft : prenez garde qu'il n'y foit trop long-temps, & en ce cas, oftez le iufques à ce qu'il faille feruir : ce que vous ferez eftant chaud, auec perfil, en vne feruiette.

21. *Brochet à la fauce.*

Eftant cuit de mefme façon que deffus,

oftez en la peau, & prenez vne goutte de ce court bouillon, mettez le dans vn plat auec vn demy iaune d'œuf bien delayé, du beurre bien frais, mufcade, & faites que la fauce foit bien liée & bien affaifonnée de fel, fiboules, efcorce; & fi vous voulez, ioignez y des anchois, mais prenez garde que voftre fauce ne foit tournée, & feruez tout chaud.

### 22. *Truites au court bouillon.*

A proportion de leur groffeur cizelez les, & donnez de la force à voftre court bouillon : auant de les faire cuire, habillez les par l'ouye, & faites mariner : en fuite dequoy elles cuiront tout à loifir, de peur qu'elles ne fe décharnent. Eftant cuites, feruez les auec perfil en vne feruiette ployée.

### 23. *Truites faumonnées.*

Accommodez les, & feruez de mefme forte que les communes.

### 24. *Perches au court bouillon.*

Sortant de l'eau, habillez les par l'ouye, & les mettez dans vn court bouillon de vin blanc, bien affaifonné de toutes fortes, comme poiure, fel, cloux, efcorce, fiboules & oygnon. Eftant cuites, fortez les, & leur oftez la peau, faifant vne fauce d'vne goutte de voſtre court bouillon, & de vinaigre delayé auec vn iaune d'œuf, vn oygnon écartelé, beurre frais, ſel, & fort peu de poiure blanc : delayez le tout promptement ſur le feu, le mettez ſur vos perches, & ſeruez.

### 25. Lottes.

Faites tiedir de l'eau, les mettez dedans, peu apres oſtez les, auec vn couſteau oſtés leur le limon, & par ainſi vous les rendez toutes blanches : habillez les en ſuite, lauez les, mettez les entre deux linges, & les eſſuyez : celles qui ſont groſſes, mettez les à part, & les cizelez par deſſus pour ſeruir à l'huile ou au beurre affiné, auec ſel & orange. Seruez.

### 26. Lottes en caſtrolle.

Mettez vos lottes en caſtrolle, & les aſſaiſonnez de beurre, ſel, clou battu, poiure, eſcorce, vn bouquet, verjus, vn filet de vinaigre, & fort peu de bon bouillon : Eſtant cuites, ſeruez & garniſſez ſi vous voulez d'anchois, capres, champignons, & de quelque autre garniture que vous aurez.

### 27. Carpe au bleu.

La meilleure ſorte de carpes eſt la laittée. Prenez la viue & l'aſſaiſonnez pour

P ij

mettre au court bouillon. Si elle est grosse, vous la pouuez mettre en quatre, ou la cizeler le long du dos, & la mettre dans vn bassin & au bleu. Si vous la voulez faire cuire dans vn poissonnier, ayez vne fueille pour mettre au fonds, puis prenez vostre carpe auec vn torchon, assaisonnez la bien auec oygnon, poiure, sel, cloux, escorce, & le tout bien enueloppé dans vostre linge, mettez la cuire la fueille dessous, de peur qu'à force de bouillir elle ne brusle, ou que le linge ne s'attache, faites en sorte que vostre court bouillon ne soit alteré d'aucune chose, mais bien assaisonné de tout ce qui est necessaire. Estant cuite tout à loisir, seruez la auec persil, en vne seruiette.

28. *Carpe farcie.*

Leuez en la peau par dessus le dos iusques au ventre, ostez toutes les petites arrestes, les tripes & laittances, & tirez de la teste les ouyes & la langue, puis faites vne farce auec peu de viande de carpe bien achée, & assaisonnée d'autant de beurre que de chair, peu de persil, siboules, & vn brin de fines herbes: liez le tout auec vn œuf; passez champignons, laittances, ou moules, capres, siboules, langûes de carpes, & cus d'artichaux: mettez voſtre farce dans voſtre carpe tout du lõg, & laiſſez vn creux où vous mettrez ce que vous auez paſſé : aſſaiſonnez bien le tout, & la fermez, faites la cuire dans vn baſſin, ou dans vne caſtrolle, ou dans vn plat deuant le feu auec vn filet de verjus, & peu de bouillon, beurre, & ce que vous auez de reſte de vos champignons, trouffles ou laictances : faites mitonner le tout enſemble tout à loiſir, & de peur qu'il ne s'attache au plat, mettez quelques ſiboules deſſous auec peu de verjus, & quelques iaunes d'œufs, liez la ſauce, & ſeruez.

La carpe farcie de cette ſorte ſe peut mettre en paſte fine ou fueilletée, & garnie de ce que vous aurez.

### 29 Eſperlans.

Prenez les bien frais, enfilez les, & bien eſſuyez. Lors que vous ſerez preſt à ſeruir, farinez les & faites frire, à l'huile ou au beurre, oſtez la verge, les ſaupoudrez de ſel menu, & ſeruez auec orange.

### 30. Plies.

Vous trouuerez cét article, & tous les ſuiuans de la Table au diſcours des Entrées de poisson, qu'il eust esté inutile de repeter, & superflu de cotter par article & par pages, d'autant qu'ils paroistront à la premiere recherche. Cependant je vous donne aduis que ce que je vous marque ne vous oblige ny à plus ny à moins dans la rencontre de vos honnestes despenses ou employs, mais bien le fais-je seulement pour vous faire souuenir de ce qui se peut seruir, sans oublier à vous dire que vous pouuez choisir ce qui vous agréera, & y entremesler pastez ou tourtes, à proportion des plats que vous aurez, & obseruant de seruir pasté ou tourte apres six plats de seruice.

## Table de l'Entre-mets des iours maigres hors le temps de Caresme.

Mousserons, 1.
Champignons à la cresme, 2
Trouffles, 3
Oeufs filez, 4
Nulles, 5
Oeufs mignons, 6
Tourte de franchipanne, 7

FRANÇOIS. 231
Omelette à la cresme, 8
Baignets, 9
Pets de putain, 10
Paste filée, 11
Seruelats d'anguille, 12
Laittances de carpes frittes. 13
Laittances en ragoust, 14
Foyes de lottes, 15
Gelée de poisson, 16
Blanc manger, 17
Gelée verte, 18
Artichaux frits, 19
Asperges à la sauce blanche, 20
Asperges à la cresme, 21
Celeris, 22
Choux-fleurs. 23
Iambon de poisson, 24
Tortuës en ragoust, 25
Baignets de pommes, 26
Baignets d'artichaux, 27
Pasté d'amendes, 28
Ramequins de toutes sortes, 29
Oeufs à la cresme. 30.

P iiij

*Methode d'accommoder l'Entre-mets des iours maigres, dont il est fait mention dans la Table qui precede immediatement.*

1. *Mousseron.*

Prenez le bien frais, ostez en le grauier, & le passez par de l'eau ou du vin blanc: puis le mettez dans vn plat auec du beurre bien frais, bien assaisonné de sel, poiure blanc, chapelure de pain, que vous prendrez garde qu'il ne brusle: estāt cuit, mettez y vn peu de muscade, vn jus d'orange ou de citron, puis seruez.

*Autre façon.*

Passez le par la poësle auec du beurre bien frais, persil, vn bouquet, poiure, sel, & le laissez mitonner dans vn plat, ou vn pot, & lors que vous voudrez seruir, mettez y de la cresme, ou vn iaune d'œuf, ou vn peu de chapelure de pain, peu de muscade, & seruez.

Vous en pouuez garnir ce que vous voudrez, à proportion de la quantité que vous en aurez.

### 2. Champignons à la cresme.

Prenez les bien frais, & les plus petits, car ils sont les meilleurs; pelez les à sec, lauez les auec de l'eau, & aussi-tost tirez les, & les faites égoutter: coupez les plus gros, & ensemble auec les plus petits, fricassez les auec du beurre frais, persil & siboules achées bien menuës, sel & poiure, puis les faites mitonner dans vn petit pot iusques à ce que vous soyez prest de seruir: & alors vous y pouuez mettre de la cresme, laquelle ayant bouilly trois ou quatre tours, & la sauce estant liée, vous pouuez seruir.

### 3. Trouffles.

Faites les cuire au court bouillon: estant cuites, seruez-les dans vne seruiette ployée.

#### Autre façon.

Seruez les de mesme sorte que le mousseron, & y mettez peu de bouillon, cresme, & quelque ius; estant coupées fort deliées, & cuites, seruez.

#### Autre façon.

Pelez les, & les coupez bien menuës & fort deliées: les passez en suite par la poësle, & les assaisonnez fort peu, parce qu'il faut qu'elles bouillent long-temps auec quelque bouillon, que vous iugerez qui soit bon. Estant cuites, dégraissez les, & faites en sorte que la sauce soit vn peu liée par le moyen de quelque liaison, ou de la chapelure de pain, puis seruez.

### *Autre façon.*

Sortant du sable, lauez les auec du vin blanc, faites les cuire auec du gros vin, force sel, & poiure. Estant cuites, seruez les auec vne seruiette ployée.

### 4. *Oeufs filez.*

Vous les trouuerez aux Entre-mets des iours gras, & la façon de les seruir.

### 5. *Nulles.*

Prenez quatre ou cinq iaunes d'œufs, de la cresme bien fraische, quantité de sucre, vn grain de sel: battez bien le tout ensemble, & le faites cuire sur vne assiette creuse, ou vn plat, passez la paisle du feu rouge par dessus, l'arrosez d'eau de senteurs; seruez & sucrez de sucre musqué.

### 6. *Oeufs mignons.*

Vous trouuerez la façon de les faire, & de les seruir aux Entre-mets des iours gras.

### 7. *Tourte de franchipanne.*

Vous la trouuerez aux discours & à la Table de la pastisserie des iours gras.

### 8. *Omelette à la cresme.*

Prenez quantité de iaunes d'œufs, peu de blancs, & peu de cresme, du sel à proportion, battez le tout ensemble : & vn peu auant que de seruir, faites vostre omelette ; & si voulez, sucrez la, & seruez.

### 9. *Baignets.*

Prenez quatre fromages à petits choux, six œufs, vn demy litron de farine, & peu de sel, battez le tout ensemble, & l'essayez, car les fromages sont quelquefois trop mols, ou trop secs, &c.

### 10. *Pets de putain.*

Faites les de mesme, à la reserue qu'il y faut mettre vn peu de fleur dauantage : tirez les fort menus auec vne queuë de cuilliere. Estant cuits, seruez les sucrez, & arrosez de fleurs d'oranges.

### 11. *Paste filée.*

Vous trouuerez la façon de l'accommoder & seruir aux iours gras.

### 12. *Seruelats d'anguille.*

Habillez vostre anguille, & la fendez par la moitié, tirés en l'areste, battés bien la chair, & l'assaisonnez ; roulez la & la liez. Estant liée, enueloppez la dans vn petit linge, & la faites cuire dans vn pot auec du vin, sel, poiure, cloux, oygnon, fines herbes, & faites en sorte que la sauce se reduise à peu : Estant bien cuite, déueloppez la, & coupez par tranches fort deliées, puis seruez sec, ou auec de la sauce.

### 13. *Laittances de carpes frittes.*

Nettoyez les bien, faites les blanchir & les essuyez. Lors que vous voudrez seruir farinez les & les faites frire. Estant frittes, seruez auec sel & orange.

### 14. *Laittances en ragoust.*

Faites les blanchir & les mettez dans vn plat auec vn filet de vin blanc, bien assaisonnées de beurre, sel, vn bouquet, poiure, quelque jus de champignons, peu de capres & anchois ; la sauce estant liée, seruez auec ius d'orange ou de citron, & muscade.

### 15. *Foye de lotte.*

Tirez le du poisson, & le mettez dans vn plat auec du beurre bien frais, peu de fines herbes, persil aché bien menu, champignons aussi menus, du meilleur de vos bouillons, capres achées, & vn anchois. Estant bien cuit, & la sauce liée, seruez.

*Autre façon.*

Faites le frire si vous voulez, & le seruez auec sel, ius d'orange ou de citron.

16. *Gelée de poisson.*

Prenez des écailles de carpes, demy douzaine de tanches, & trois chopines de vin blanc, faites bien cuire le tout ensemble auec peu de sel & de canelle, & quatre cloux de girofle : passez le tout dans vne seruiette, & y mettez vne liure de sucre: prenez demy quarteron d'œufs, & en faites frire les blancs, tenez vostre chausse preste & bien nette, faites chauffer vostre gelée, & estant preste à bouillir, iettez y le ius de cinq citrons, & vos blancs d'œufs. Lors qu'elle commence à bouillir iettez la dans la chausse, & la repassez iusques à ce qu'elle soit bien claire; mettez la au naturel sur vne assiette, ou dans vn plat, & seruez.

17. *Blanc manger.*

Faites le du reste de vostre gelée, & y mettez amandes pilées, & vne goutte de laict : passez la & tournez en blanc manger ; & estant froid, seruez.

### 18. *Gelée verte.*

Elle se fait de mesme. Passez la auec fort peu de jus de poirée, & seruez froide.

### 19. *Artichaux frits.*

Coupez les comme à la poiurade, coupez aussi les pointes, & les faites blanchir dans de l'eau chaude ; ce qu'estant fait, mettez les seicher, & les farinez pour frire, lors que vous en aurez besoin. Seruez les garnis de persil frit.

### 20. *Asperges à la sauce blanche.*

Au sortir du jardin ratissez les, & les coupez égales, faites les cuire auec de l'eau & du sel, tirez les moins cuites que vous pourrez, c'est le meilleur; & les mettez égoutter, puis faites vne sauce auec du beurre frais, vn iaune d'œuf, sel, muscade, vn petit filet de vinaigre, & le tout bien remué ensemble, & la sauce liée, seruez vos asperges.

### 21. *Asperges à la cresme.*

Coupez les en trois, & les ayant fait blanchir, fricassez les de mesme bien assaisonnées. Estant cuites, mettez y vostre cresme, & les faites mitonner auec. Si la sauce est trop claire, mettez y iaunes d'œufs, & seruez.

## 22. Celeris.

Il se mange auec poiure & sel. Ou auec huile, poiure & sel.

## 23. Choux fleurs.

Habillez les & faites blanchir, faites les cuire auec du beurre, de l'eau & du sel. Estans cuits, mettez les égoutter, & faites vne sauce de mesme qu'aux asperges, puis seruez.

## 24. Iambon de poisson.

Prenez la chair de plusieurs carpes auec peu d'anguille: achez bien le tout ensemble, l'assaisonnez de beurre, & l'assemblez en forme de jambon : Emplissez en vos peaux de carpes, les recousez, & enueloppez auec vn linge fort gras : Faites les cuire dans vn pot auec moitié vin & moitié eau, bien assaisonnées; faites bien consommer vostre sauce. Estant cuites, tirez les, & les déueloppez toutes chaudes.

Vous les pouuez seruir chaudes & froides, & en tout cas garnies comme vn jambon.

## 25. Tortuës en ragoust.

On les peut manger en tout temps, l'on en fait quelque liaison; & on s'en sert aux potages pour garnir, & à beaucoup d'autres choses.

26.   Baignets de pommes.

Vous trouuerez cét article, & les quatre qui suiuent aux discours des iours gras, & de la façon des œufs.

---

*Table de ce qui se peut trouuer dans les jardins, dont on se peut ayder au besoin : & seruir aux Entrées & Entre-mets des iours maigres, & autres de charnage, ou de Caresme.*

| | |
|---|---:|
| *Cheruis,* | 1 |
| *Bouillie de fleur de bled,* | 2 |
| *Oubelon,* | 3 |
| *Laittuës,* | 4 |
| *Citrouilles de toutes sortes,* | 5 |
| *Panets,* | 6 |
| *Sersifis,* | 7 |
| *Carottes,* | 8 |
| *Bette-raues,* | 9 |
| *Taupinambours,* | 10 |
| *Concombres de toutes sortes,* | 11 |
| *Nauets,* | 12 |
| *Pommes fricassées,* | 13 |

*Carottes*

*Carottes rouges,* 14
*Asperges fricassées,* 15
*Chicorée blanche,* 16
*Cardes de poirée,* 17
*Cardes d'artichaux,* 18
*Poix passez,* 19
*Troufles d'Entrée.* 20

---

*Methode pour apprester le contenu en la Table precedente.*

### 1. *Cheruis.*

Faites les bouillir fort peu, puis les pelez pour frire.

*Autre façon.*

Pour le charnage, faites vne paste assez liquide auec des œufs, peu de sel & peu de farine ; pour la rendre plus delicate, meslez y du fromage à petits choux, trempez dedans vos cheruis, faites les frire, & seruez.

*Autre façon.*

Pour les frire en Caresme, destrempez voſtre farine auec peu de laict, ou verjus, & plus de sel : moüillez vos cheruis dans cét appareil, & les faites frire dans du beurre affiné pour estre meilleurs. Si vous voulez les garnir de persil frit, pour le frire, vous le iettez dans vostre friture bien chaude, bien net & bien sec, aussi-tost sortez le & le mettez deuant le feu, en sorte qu'il soit bien verd. Seruez vos cheruis, le persil autour.

2. *Bouillie de fleur de bled.*

Elle se fait de mesme que celle de fleur de riz, & veulent cuire autant l'vne que l'autre. Pour les faire, delayez les auec fort peu de laict & de sel, mettez y hors le Caresme, iaunes d'œufs, peu de beurre, & du sucre; laissez la cuire à loisir, en sorte qu'il se fasse vn grattin, seruez & sucrez.

3. *Oubelon.*

Nettoyez le bien, & ne laissez que le verd, faites le bouillir vn bouillon dans de l'eau, puis l'égouttez & le mettez dans vn plat auec peu de beurre, vn filet de vinaigre, vn peu de vostre meilleur bouillon, sel & muscade : faites le mitonner pour vous en seruir à garnir, ou à autre chose.

4. *Laittuës.*

Pour en garnir toutes sortes de potages, soit de poulets, de pigeons, de purée, d'herbes, ou de santé, faites les bien blanchir, & les lauez: mettez les mitonner dans vn pot auec du meilleur de vos bouillons. Aux iours gras, assaisonnez les de gras. Aux iours maigres, mettez y du beurre, & lors qu'elles seront cuites, fendez les par la moitié, garnissez en vos potages, & seruez.

5. *Citrouille.*

Découpez la fort deliée, & la fricassez auec du beurre: Estant bien colorée, mettez la mitonner entre deux plats, auec vn oignon, ou vne siboule picquée de cloux, sel, poiure, & verjus de grain, si vous en auez. Estant cuite, seruez.

*Autre façon.*

Vous la pouuez mettre auec de la cresme.

*Autre façon.*

Coupez la par gros morceaux, & la faites bouillir dans vn pot; estant bien cuite, ostez l'eau, passez la & la fricassez auec du beurre, & vn oygnon aché bien menu; assaisonnez la d'vn filet de verjus, de muscade, & seruez.

*Autre façon.*

Estant passée, mettez la auec du beurre bien frais, & le faites fondre auec citrouille, sucre & amende: mettez vostre appareil dans vne abbaisse de paste fine, en façon de tourte, & la faites cuire. Estant cuite, sucrez la & seruez.

Beaucoup de personnes y veulent du poiure, mettez y fort peu de sel, & la pouuez garnir d'escorce de citron confite, coupée par tranches.

### 6. Panets.

Coupez les filets, lauez les bien, & les faites cuire. Estant cuits, pelez les, & coupez comme vous voudrez. Mettez les dãs vn plat auec du beurre bien frais, sel, muscade, & vne goutte de bouillon, ou vn filet de vinaigre ou de verjus, faites mitonner le tout ensemble, & le remuez bien. Ce faisant, vous trouuerez vostre sauce liée, puis seruez.

*Autre façon.*

Faites les cuire de mesme sorte que les cheruis cy-deuant, & les seruez auec vn jus d'orange, ou verjus, & vn peu de sel.

### 7. Serfifis.

Faites les cuire comme les panets: Estant cuits, faites la sauce de mesme, & seruez.

Vous les pouuez seruir frits,

### 8. Carottes.

Nettoyez les & faites cuire: Eſtant cuites, pelez les, & les coupez par ruelles fort deliées, fricaſſez les auec du beurre frais, vn oygnon aché, ſel, poiure & vinaigre, puis ſeruez.

### 9. Bette-raues.

Eſtant bien nettes & bien cuites dans de l'eau, ou dans le feu, pelez les & coupez par ruelles : fricaſſez les auec vn oygnon aché, bien aſſaiſonnées d'vn filet de vinaigre, & de bon beurre frais. Eſtant bien fricaſſées, ſeruez.

### Autre façon.

Eſtant cuites, coupez les de meſme ſorte, & mettez les auec de l'huile, vinaigre & ſel, puis ſeruez.

### 10. Taupinambours.

Faites les cuire dans la braiſe : Eſtant bien cuits, pelés les & coupés par ruelles; fricaſſez les auec du beurre bien frais, vn oygnon, ſel, poiure, vinaigre. Eſtant bien fricaſſez, ſeruez auec vn peu de muſcade.

### 11. Concombres.

Pelez les, & les coupez par ruelles; fricaſſés les auec du beurre bien frais: Eſtant fricaſſez, mettez y vn oygnon, ſel & poiure, & les laissez bien mitonner, puis seruez auec iaunes d'œufs si vous voulez.

*Autre façon.*

Pour les confire, prenez les fort ieunes & fort petits : faites les blanchir, & égouter : puis les mettez dans vn pot auec sel, poiure & vinaigre. Couurez les bien, & n'y oubliez pas des cloux de girofle.

*Autre façon.*

Faites les confire d'autre façon, & pour cét effet, coupez les fort deliez, puis les mettez auec oygnon, sel, poiure, & vinaigre : Estant bien confits, égouttez les, & pour les seruir, mettez y de l'huile, & les seruez en salade.

12. *Nauets.*

Ratissez les, faites blanchir, & les mettez cuire auec de l'eau, du beurre, & du sel. Estant cuits, mettez les dans vn plat auec du beurre bien frais : Vous y pouuez mettre de la moutarde ; seruez auec muscade.

13. *Pommes fricassées.*

Pelez les, coupez par ruelles, & les fricassez auec du beurre bien frais. Estant fricassées serués, faisant vn bouillon auec vn peu de muscade.

FRANÇOIS.

*Autre façon.*

Coupez les par la moitié : ostez les pepins, & tout ce qui est au tour : Seruez les sous la peau, & les mettez dans vn plat auec du beurre, du sucre, de l'eau, & vn peu de canelle, faites les cuire; estant cuites, seruez les sucrées.

14. *Carottes rouges.*

Elle se prepare de mesme que l'autre.

15. *Asperges fricassées.*

Rompez les, coupez les par petits morceaux, & lauez. Estant égouttées, fricassez les auec du beurre bien frais, & les assaisonnez de sel, poiure, & persil aché. Estant fricassées, mettez les mitonner auec vn oygnon picqué de cloux, & vne goutte de bouillon, puis seruez auec muscade.

Vous y pouuez aussi mettre de la cresme si vous voulez.

16. *Chicorée blanche.*

Faites la bien blanchir dans l'eau, & la mettez égoutter, puis la liez, & la mettez cuire dans vn pot auec de l'eau, du beurre & du sel. Estant bien cuite, tirez la, & la faites derechef égoutter ; apres quoy, vous la mettrez auec du beurre, sel, muscade, & vn filet de vinaigre. Lors que

Q iiij

vous serez prest de seruir, faites y vne sauce liée, & seruez.

### Autre façon.

Estant blanchie, preparez la en salade auec du sel, vinaigre, & sucre, puis seruez.

### 17. Cardes de poirée.

Ostez les filets & les faites blanchir, puis les mettez cuire dans vn pot ou dans vne chaudiere auec de l'eau, du beurre, vne crouste de pain, & du sel. Estant bien cuites tirez les & laissez mitonner auec du beurre, iusques à ce que vous en ayez affaire : Et alors faites les chauffer, & appropriez sur vne assiette: apres quoy, vous ferez vne sauce liée auec du beurre bien frais, vn filet de vinaigre, & de la muscade, puis seruez.

### 18. Cardes d'artichaux.

Choisissez les plus blanches, ostez en les filets, & les faites blanchir. Estant blanchis, mettez les cuire auec du sel & de l'eau, vn morceau de beurre & vne crouste de pain : Estant bien cuites, garnissez vostre plat, faites y vne sausse blanche, & seruez.

19. *Poix paſſez.*

Faites tremper vos poix, lauez les bien, & les faites cuire dans de l'eau chaude, & les en rempliſſez: Eſtant cuits, broyez les, & les paſſez par vne paſſoire: prenez de la purée la plus eſpaiſſe, & la faites mitonner auec du beurre, du ſel, & vn oygnon entier picqué de cloux, puis ſeruez.

Vous pouuez ſeruir & fricaſſer des poix entiers auec beurre bien frais, ſel, oygnon aché, poiure & vinaigre. En Careſme garniſſez les de harans.

20. *Trouffles d'Entrée.*

Nettoyez les bien, pelez les, & fricaſſez auec du beurre bien frais, vn oygnon picqué de cloux, peu de perſil aché, & vne goutte de bouillon: faites les mitonner entre deux plats, & la ſauce eſtant vn peu liée, ſeruez.

## Table pour la Pastisserie de poisson à manger chaud, contenant les Pastez & les Tourtes.

| | |
|---|---|
| Pasté de saumon, | 1 |
| Pasté de truitte. | 2 |
| Pasté de becare, | 3 |
| Pasté de carpe, | 4 |
| Pasté d'esturgeon, | 5 |
| Pasté de barbuë, | 6 |
| Pasté de turbost, | 7 |
| Pasté de truitte, | 8 |
| Pasté de plies, | 9 |
| Pasté d'anguille, | 10 |
| Pasté de moruë fraische, | 11 |
| Pasté de carpe desossée, | 12 |
| Pasté à la Cardinale, | 13 |
| Pasté de limandes, | 14 |
| Pasté de grenost, | 15 |
| Pasté de solles, | 16 |
| Pasté de solles moitié frittes, | 17 |
| Pasté dressé de hachis d'anguille, | 18 |
| Tourte de limandes, | 19 |
| Tourte d'huistres fraisches, | 20 |
| Tourte de joye de lottes, | 21 |

Tourte de laittances de carpes, 22
Tourte de lottes, 23
Tourte de carpes, 24
Tourte d'escreuisses, 25
Tourte de grenouilles, 26
Tourte de tanches, 27
Tourte de beurre, 28
Tourte d'espinars, 29
Tourte de melon, 30
Tourte de pistaches, 31
Tourte d'amendes, 32
Tourte de citrouille, 33
Tourte de poires, 34
Tourte de cresme, 35
Tourte de pommes, 36
Tourte de franchipanne, 37
Tourte de blancs d'œufs, 38
Tourte de iaunes d'œufs, 39
Tourte de massepin. 40

---

Instruction pour apprester la Pastisserie de poisson, cy-deuant déduite par Table.

Auant que de passer outre à vous discourir des moyens de l'apprester, d'autant qu'il y fera parlé fouuent de differentes fortes de paftez, i'ay iugé à propos de vous donner quelque petit enfeignement pour les drefler.

Pour cét effet, vous fçaurez que la pafte fueilletée fe fait prenant quatre liures de fleur détrempée auec du fel & de l'eau, fort douce neantmoins. Eftant vn peu repofée, vous l'eftendez auec la quantité de deux liures de beurre : ioignez les enfemble, & laiflez vne troifiefme partie de voftre pafte vuide pour la ployer en trois. Et voftre beurre eftant fermé, vous eftendez encore voftre pafte bien carrée pour la ployer en quatre. Et cela fait, vous faites encore trois autres tours de mefme; apres quoy, vous la pofez en lieu frais pour vous en feruir lors que vous en aurez affaire. Et alors vous eftendez voftre pafte à proportion du pafté ou de la tourte que vous voulez faire. Et marquez que cette pafte eft plus mal-aifée à nourrir que pas vne autre, afin que vous ne vous y trompiez pas.

La pafte fine fe fait de quatre liures de fleur, & vne liure & demie que vous delayez bien fort enfemble auec du fel: apres quoy vous la laiflez repofer iufques à ce que vous en ayez affaire, & en faites paſtez ou tourtes.

La paſte d'eau chaude ſe fait de meſme, hormis que vous faites chauffer l'eau & le beurre: Eſtant faite, laiſſez la repoſer plus que l'autre, & la maniez fort peu, de peur qu'elle ne ſe bruſle: faites en paſté ou tourte.

La paſte biſe ſe fait de farine de ſeigle auec de l'eau & peu de beurre. Vous y pouuez mettre ſi vous voulez du ſel & du poiure; Eſtant bien forte & repoſée, faites en paſtez de venaiſon.

Toutes ſortes de paſtez gras ou maigres qui ſe mangent chauds, s'aſſaiſonnent de meſme façon, ſuiuant les ſortes de viandes. Vous y pouuez mettre meſme garniture de jardin, comme champignons, trouffles, aſperges, iaunes d'œufs, cus d'artichaux, capres, cardes, piſtaches.

Aux paſtez de chair, outre les garnitures de jardin, vous y faites entrer riz de veau, roignons, creſtes, &c.

Les paſtez de viande garnis, & de viande fort tendre, ne veulent eſtre au four que deux heures & demie. Ceux de poiſſon gros ou petit, de meſme grandeur, autant.

Il y a de la difference au pasté de leuraut, lequel quoy qu'il s'assaisonne de mesme, ne veut estre au four que deux heures, soit qu'il soit en paste fueilletée, ou autre. Il se sert chaud & descouuert.

Les pastez que vous voulez garder, il faut qu'ils soient de plus haut goust que ceux que vous faites pour máger chauds. Si vous les faites porter loing, il faut que la paste soit vn peu bise; & si elle est fine, il faut faire vn panier exprés pour les porter.

Vous lardez vos pastez maigres auec anguilles ou carpes bien assaisonnées de poiure, sel, vinaigre, clou battu : faites vostre paste fine ou autrement, & assaisonnez vostre pasté de clou, sel, poiure, fines herbes, & vne chalotte; estant fait, dorez le & le mettez au four, peu apres le percez.

Apres ce mot d'aduis, qui n'est pas inutile, comme ie croy, venons au détail des façons de pastisseries qui se seruent chauds aux iours gras ou maigres.

1. *Pasté de saumon.*

Vostre poisson estant habillé, lardez le de lard d'anguille ou de carpe, assaisonné de poiure, sel, & clou battu, puis le mettez sur la paste, & par dessus vne fueille de laurier, & bon beurre frais ou lard battu, selon le iour que vous voulez vous en seruir: arrosez le de lard auec vn filet de vinaigre, & le fermez à la forme du poisson. Estant cuit, seruez le chaud ou froid.

2. *Pasté de truitte.*

Il se fait & assaisonne de mesme.

3. *Pasté de becare.*

Il se fait de mesme.

4. *Pasté de carpe.*

Il se fait de mesme.

5. *Pasté d'esturgeon.*

Aussi de mesme.

6. *Pasté de barbuë.*

Habillez vostre barbuë, & la cizelez par dessus: Si vous voulez lardez la d'anguille bien assaisonnée, puis dressez vostre paste à la grandeur de vostre barbuë, & la mettez dedans bien assaisonnée de sel, poiure, clou, fines herbes, champignons, morilles, peu de persil passé auec du beurre frais, mousserons, cus d'artichaux, ou asperges rompuës, & bon beurre frais, le couurez à iour; & si vous voulez, enjoliuez le de quelques façons, faites le cuire:

Estant cuit, & bien nourry, seruez le auec vne sauce faite de verjus de grain, & iaunes d'œufs.

### 7. Pasté de turbots.
Il se fait de mesme façon.

### 8. Pasté de truitte.
De mesme.

### 9. Pasté de plies.
Aussi de mesme.

### 10. Pasté d'anguilles.
Habillez les, coupés les par ruelles, & les assaisonnez: dressez vostre pasté, & l'emplissez d'anguilles, de iaunes d'œufs, champignons, trouffles, si vous en auez, cus d'artichaux, & bon beurre frais. Seruez le descouuert auec vne sauce blanche, de peur qu'il ne s'abatte, liez le auec du papier beurré, & vn filet de vinaigre. Estant cuit, ostez le papier.

### 11. Pasté de moruë fraische.
Faites le comme celuy de barbuë, & seruez chaud.

### 12. Pasté de carpe desossée.
Farcissez la de mesme façon que pour vne Entrée, & dressez vostre pasté, mettez la dedans garnie de tout ce que vous voudrez: faites le cuire couuert; ayant cuit
deux

deux heures, seruez le descouuert auec vne sauce. *Autre façon.*

Coupez vostre carpe par morceaux, & la mettez en paste dressée, assaisonnée de ce que vous aurez: faites cuire vostre pasté, & le seruez descouuert auec vne sauce blanche.

13. *Pasté à la Cardinale.*

Prenez chair de carpe & d'anguille, achez les bien auec du beurre, & assaisonnez de sel, poiure, fines herbes, & peu de champignons, puis dressez vos pastez les plus petits que vous pourrez, emplissez les, couurez, dorez, & faites cuire, puis seruez.

14. *Pasté de limandes.*

Estant habillées, cizelez les, & mettez dans vostre abaisse, assaisonnez de sel, poiure, clou battu, champignons passez, beurre frais, & de tout ce que vous aurez, couurez le, faites le cuire & le bandez. Estant cuit, seruez auec vne sauce blanche, muscade, vne chalotte, jus & tranches de citron ou d'orange.

15. *Pasté de grenost.*

Estant habillé, cizelez le, & le mettez dans vostre abaisse assaisonné de sel, poiure, beurre frais, champignons, trouffles,

R

mousserons, morilles, persil passé, & cus d'artichaux. Le pasté dressé, couuert & bandé de papier doré, faites le cuire; estât cuit, seruez le descouuert auec vne sauce blanche, ou quelque liaison que vous aurez.

### 16. *Pasté de solles.*

Il se fait de mesme que celuy de barbuë, d'autant qu'il est d'vne mesme espece de chair. Il se mange chaud.

### 17. *Pasté de solles moitié frittes.*

Passez les à moitié par la poësle, leuez l'arreste, & les farcissez de toute ce que vous voudrez, comme champignons, capres, trouffles, mousserons, cus d'artichaux, beurre frais, le tout passé par la poësle, auec persil & siboules achées bien menuës : mettez les en paste dressée, ou dans vne abaisse fueilletée, que vous mettrés dãs vne tourtiere, & par dessus le reste de vostre farce en guise de garniture, auec iaunes d'œufs, & beurre bien frais : Couurés vostre pasté, & le percés quelque téps apres qu'il sera au four. Estant cuit, seruez le auec telle sauce que vous voudrez.

### 18. *Pasté dressé de hachis d'anguille.*

Il se fait de mesme que celuy de carpe, à la reserue que la chair d'anguille estant plus graſſe que celle de carpe, il ne la faut délayer auec beurre, comme celle de carpe ; ſeulement meſlez les enſemble, & aſſaiſonnez bien de ſel, poiure, peu de fines herbes, puis en faites vn lict : Et deſſus celuy-cy, vous mettrez champignons, morilles, trouſles, & peu de perſil aché paſſez auec le beurre ; & au deſſus de tout cela, le reſte de voſtre achis : puis fermez voſtre paſté, & le faites cuire : eſtant cuit, ſeruez le auec vne ſauce blanche.

### 19. *Tourte de limandes.*

Elle ſe fait de meſme que le paſté de limandes, dont vous auez l'inſtruction vn peu deuant.

### 20. *Tourte d'huiſtres fraiſches.*

Vos huiſtres eſtant nettoyées & blanchies, paſſez les par la poëſle auec beurre bien frais, perſil, & ſiboules achées, & champignons, le tout bien aſſaiſonné : mettez le tout dans vne abaiſſe de telle paſte que vous voudrez, & garniſſez de iaunes d'œufs durs, cus d'artichaux, morilles, aſperges rompuës, le tout bien paſſé ; couurez voſtre tourte, & la faites cuire. Eſtant cuite, ſeruez auec ſauce bonne, que vous ferez, paſſant par la poëſle auec du beurre, deux ou trois fiboules entieres, fel, poiure, vn filet de verjus, ou de vinaigre, puis eſtant rouſſe, vous y meſlez deux iaunes d'œufs bien delayez, vous oſtez la fiboule, & mettez voſtre ſauce dans voſtre tourte boüillante, auec vn peu de muſcade. Vous la remuez tant ſoit peu, & ſeruez deſcouuerte.

21. *Tourte de foye de lotte.*

Eſtant fort peu blanchy, bien net & eſſuyé, mettez le dans vne abaiſſe, puis paſſez mouſſerons, morilles, troufles, aſperges rompuës, peu de perſil aché, cus d'artichaux, cardons ou cardes cuites, & iaunes d'œufs, le tout bien aſſaiſonné, & à telle proportion, que voſtre tourte ne puiſſe changer ſon nom, & que la garniture n'excede le principal, faites la cuire. Eſtant cuite, ſeruez.

22. *Tourte de laittances de carpes.*

Elle ſe fait de meſme que celle de lotte, auec telle garniture que vous aurez.

23 *Tourte de lotte.*

Faites la bien blanchir auec de l'eau aſſez chaude, pour en oſter le limon, iuſques à ce qu'elle ſoit blanche; puis coupez la par ruelles iuſques à moitié la teſte : mettez la dans vne abaiſſe auec ſel, poiure, cloux battus, capres, champignons, iaunes d'œufs, cus d'artichaux, persil, siboules bien achées, & par dessus beurre bien frais; fermez la d'vne abaisse de paste fueilletée si vous en auez. Estant cuite, seruez la descouuerte auec vne sauce blanche, & garnie de son dessus coupé en quatre.

### 24. *Tourte de carpe.*

Elle se fait & assaisonne de mesme que celle de lotte, hormis qu'il ne faut l'eschauder, mais bien l'escailler.

### 25. *Tourte d'escreuisses.*

Faites les cuire auec sel, poiure, & fort peu de vinaigre, ostez leur les pieds & le derriere, puis les habillez & les passez par la poësle auec beurre bien frais, champignons, & tout ce que vous auez à y mettre, sans oublier du persil aché : assaisonnez bien le tout, & mettez le en telle paste que vous voudrez, fine, ou fueilletée. Estant cuite, seruez la auec vne sauce rouge, que vous ferez si vous pillez des ossemens d'escreuisses ; & apres les auoir passez, meslez les auec quelques boüillons, quelques iaunes d'œufs, vn filet de verjus & peu de muscade ; mettez cette sauce dans vostre tourte sortant du four, &

preste à seruir, puis seruez la descouuerte.

### 26. Tourte de grenouilles.

Coupez en les grosses cuisses, & les passez auec bon beurre bien frais, champignons, persil, artichaux cuits coupez, & capres ; le tout bien assaisonné, mettez le dans vne abaisse fine ou fueilletée, & le faites cuire. Estant cuit, seruez descouuert auec vne sauce blanche.

### 27. Tourte de tanches.

Eschaudez les, & les faites deuenir blanches, puis les habillez & coupez par ruelles : mettez les dans vostre abaisse de tourte, ou de pasté dressé : garnissez les de tout ce que vous aurez, comme beurre bien frais, capres & persil aché. faites les cuire. Estant cuites, seruez auec sauce blanche, & peu de muscade.

### 28. Tourte de beurre.

Faites fondre vn morceau de beurre. Estant fondu, mettez y du sucre & des amendes pillées, auec vn peu de cresme ou de laict délayez auec de la farine cuite, puis foncez vne abaisse de paste fine ou fueilletée, mettez y vostre appareil, la bordez, la faites cuire, & la seruez suerée, & auec de l'eau de fenteur, fi vous en auez.

### 29. Tourte d'espinars.

Prenez des fueilles d'espinars, nettoyez les & faites blanchir. Estant blanchis, faites les égoutter, & les achez bien menus: estant achez, délayez les auec du beurre fondu, du sel, du sucre, & le poids d'vn macaron d'amendes pillées, puis mettez le tout dans vostre abaisse, & la faites cuire. Estant cuite, seruez la sucrée, & si vous voulez, garnie d'écorce de citron confite.

### 30. Tourte de melon.

Rapez vostre melon, & le pillez dans vn mortier: faites fondre du beurre, & le mettez auec du sucre, vn brin de poiure, sel, & vn macaron; meslez le tout ensemble, en garnissez vostre abaisse: faites la cuire, & seruez sucrée.

### 31. Tourte de pistaches.

Vos pistaches estant mondées, faites les battre, & de peur qu'elles ne s'huilent arrosez les auec eau de fleurs d'orange, ou autres de senteur: faites fondre autant de beure que de pistaches, & prenez autāt de sucre, peu de sel, & de mie de pain blanc passé, ou vne goutte de laict: puis le tout estant bien délayé ensemble, mettez le dans vne abaisse de paste bien fine, la tourte & l'abaisse fort deliée : faites la cuire, sucrez la, & la seruez chaude, & arrosée de telle eau de senteur que vous voudrez.

### 32. *Tourte d'amendes.*

Elle se fait de mesme sorte, hormis que pour l'arroser, vous y mettez du laict au lieu d'eau de senteurs.

### 33. *Tourte de citroüille.*

Faites la bouillir auec de bon laict, & la passez fort espaisse, & la meslez auec sucre, beurre, peu de sel ; & si vous voulez vn peu d'amendes pillées, que le tout soit fort delié, mettez le dans vostre abaisse, faites la cuire : estant cuite, arrosez la de sucre, & seruez.

### 34. *Tourte de poires.*

Pelez vos poires, & les coupez fort deliées ; faites les cuire auec eau & sucre. Estant bien cuites, mettez y peu de beurre bien frais, battez le tout ensemble, & le mettez dans vostre abaisse fort deliée: bandez la si vous voulez, & la faites cuire: Estant cuite, arrosez la d'eau de fleurs, la sucrez & seruez.

### 35. *Tourte de cresme.*

Prenez de la cresme bien fraische, & la délayez auec vn peu d'amendes battuës, du sucre, & vn peu de bouillie faite auec du laict, & bien cuite; faites le tout ensemble bouillir vn bouillon, & lors que tout cét appareil sera froid, mettez le dans vostre abaisse, faites la cuire. Estant cuite, sucrez la bien, & si vous voulez, la musquez & seruez.

### 36. *Tourte de pommes.*

Elle se fait & se sert de mesme sorte que celle de poire.

### 37. *Tourte de franchipanne.*

Prenez de la plus belle fleur que vous pourrez trouuer, & la détrempez auec des blancs d'œufs: au mesme instant, prenez la douziesme partie de vostre paste, & l'estendez iusques à tant que vous voyez le iour au trauers; beurrez vostre assiette ou tourtiere, estendez cette premiere abaisse, la foncez, la beurrez par dessus, & en faites de mesme, iusques au nombre de six: puis mettez telle cresme que vous voudrez, & faites le dessus de mesme que le dessous, iusques au nombre de six abaisses; faites cuire vostre tourte à loisir.

estant cuite, arrosez d'eau de fleurs, sucrés la bien, & seruez.

Prenez garde à mettre vostre paste en œuure, si-tost qu'elle est faite, parce qu'elle se seiche plustost que vous ne pensez, & estant seiche elle est hors de seruice, d'autant qu'il faut que vos abaisses soient deliées comme toile d'araignée ; c'est pourquoy pour bien faire choisissez vn lieu frais. 38. *Tourte de blancs d'œufs.*

Apres qu'ils sont bien battus, assaisonnés les de peu de sel & sucre ; faites fondre du beurre frais auec du laict, meslez le tout ensemble ; puis mettez vostre appareil dans vostre abaisse de paste fine, faites la cuire. Estant cuite, seruez la chaude & sucrée. 39. *Tourte de iaunes d'œufs.*

Délayez ensemble du beurre, cinq iaunes d'œufs, du sucre, deux macarons, peu de sel & laict ; formez en vostre tourte, & la faites cuire ; estant cuite, seruez la sucrée auec écorce de citron fort deliée par dessus. 40. *Tourte de massepin.*

Pour la faire remplie, glacée, & large comme vne assiette, prenez vne demie liure d'amende, & vn quarteron de sucre: battés vos amendes, & y mettés du sucre; estendez vostre paste, dressez la assez bas,

& la faites cuire sur vne assiette creuse à petit feu ; faites vne cresme de laict, dont vous trouuerez la façon cy-apres: emplissez en cette paste enuiron l'épaisseur d'vn demi doigt, la faites cuire, & passez la paisle du feu par dessus: mettez par dessus ou cerises, ou fraizes, ou framboises, ou grozeilles, ou verjus, ou abricots côfits, peu plus de moitié. Estant pleine, remettez la au four, & faites vne glace auec la moitié d'vn blanc d'œuf, & six fois autant de sucre, bien battus ensemble. Estant prest à seruir, iettez la par dessus vostre tourte, & luy donnez le feu vif & peu, puis seruez sur l'assiette.

Pour faire la cresme, dont est fait mention cy-dessus, délayez fort peu de farine auec vne chopine de laict, faites la bien cuire, & fort claire: mettés y en suite peu de beure, 4. iaunes d'œufs, & 2. blâcs bien battus; tournez bien le tout sur le feu, & y meslez fort peu de sel & de sucre, enuiron la moitié dautant que vous aurez de cresme. Pour la faire verte, mettez y des pistaches battuës, ou de la rapelure d'écorce de citron confite.

Vous pouuez seruir vostre tourte glacée sans confitures, & au fruict comme à l'Entre-mets.

*Table de plusieurs sortes de racines, herbes, & autres choses propres à confire, pour garder dans le mesnage de maison ou de cabaret.*

| | |
|---|---|
| Beurre fondu, | 1. |
| Artichaux, | 2 |
| Concombres, | 3 |
| Pourpier, | 4 |
| Laittuës, | 5 |
| Troufles, | 6 |
| Bette-raues, | 7 |
| Asperges, | 8 |
| Poix verds, | 9 |
| Chicorée, | 10 |
| Champignons, | 11 |
| Choux, | 12 |
| Solles, | 13 |
| Huistres, | 14 |
| Crestes sallées. | 15. |

*Maniere de confire toutes ces sortes, pour les rendre de garde.*

1. *Beurre fondu.*

Quand il est à bon prix vous en pouuez achepter quantité, & le faire fondre pour vous en seruir au besoin. Pour ce faire, mettez le dans vne poësle, le faites fondre à loisir, iusques à ce que la cresme aille au fonds, & qu'il deuienne clair au dessus : empottez le, & estant froid, gardez le pour vous en seruir.

2. *Artichaux.*

Coupez leur le foing, & ce qui est trop dur tout autour (cela s'appelle artichaux en cus:) mettez les tremper dans de l'eau pour blanchir, les faites égoutter, & les essuyez : Apres quoy, vous les mettrez dans vn pot, auec sel, poiure, vinaigre, beurre fondu, clou, & quelque fueille de laurier : couurez les bien, & les gardez iusques à ce que vous en ayez affaire ; & alors faites les dessaler dans de l'eau tiede, faites les cuire estant dessallez auec du beurre, ou quelque morceau de lard ou de graisse. Estant cuits, seruez les auec vne sauce blanche ou garnie.

### 3. Concombres.

Prenez les fort petits, faites les blanchir & les picquez de cloux, puis les mettez dans vn pot auec sel, poiure, vinaigre, & fueille de laurier; couurez les si bien qu'il n'y entre point d'air, seruez les en salade.

### 4. Pourpier.

Il se fait de mesme que le concombre, & vous les pouuez seruir ensemble.

### 5. Laittuës.

Choisissez les plus pommées, & en ostés les grandes fueilles, faites les blanchir dans de l'eau, & égoutter. Estant égouttées, picqués les de cloux, & les assaisonnez de sel, poiure, vinaigre, & fueille de laurier: couurez les bien, & lors que vous les voudrez seruir, faites les dessaller, puis apres cuire, & vous en seruez en garniture ou en salade.

### 6. Troufles.

Faites les bouillir auec du meilleur gros vin que vous trouuerés, sel, poiure & clou, puis les tirez & empottez, auec sel, poiure, vinaigre, cloux, & quelques fueilles de laurier, couurez les bien; lors que vous voudrez vous en seruir, faites les dessaller & cuire auec du vin, & les seruez dans vne seruiette ployée.

### 7. Bette-raues.

Lauez les bien nettes, & les faites cuire. Estant bien cuites, pelez les, & les mettez dans vn pot auec sel, poiure & vinaigre, pour vous en seruir quand vous voudrez.

### 8. Asperges.

Pour les garder, mettez les dans vn pot auec du beurre fondu, vinaigre, sel, poiure & cloux : couurez les bien, & pour vous en seruir, faites les dessaller ; estant dessallées, faites les cuire dans de l'eau chaude. Estant cuites, seruez les auec vne sauce blanche, ou pour garnir potages, ou en salade, ou en pastisserie.

### 9. Poix verds.

Prenez les sortant de la cosse : passez les auec du beurre, & les assaisonnez bien côme si vous les vouliez manger à l'heure mesme ; mais ne les fricassez pas tant : mettez les en suite dans vn pot de terre, les assaisonnez derechef, & les couurez bien ; mettez les dans vn lieu frais, & lors que vous voudrez vous en seruir, faites les dessaller, & les passez par la poësle comme auparauant.

### 10. *Chicorée.*

Faites la blanchir liée dans du sable; lors que vous croyez qu'elle se puisse garder, nettoyez la bien, & la mettez dans vn pot auec sel, poiure, peu de vinaigre, & romarin. Lors que vous en aurez affaire, faites la dessaller, pour seruir en salade, ou pour la faire cuire pour garnir, ou pour farcir.

### 11. *Champignons.*

Choisissez les plus fermes & les plus rouges qui se trouuent, fricassez les entiers auec du beurre, comme pour manger presentement. Estant fricassez, & bien assaisonnez, mettez les dans vn pot auec plus d'assaisonnement, de beurre, & vn filet de vinaigre, iusques à ce qu'ils trempent ; couurez les en sorte qu'il n'y ait point d'air : pour vous en seruir, faites les tremper dans plusieurs eaux tiedes, puis apres les fricassez, comme s'ils sortoient de terre.

### *Autre façon.*

Prenez les plus grands & les plus larges, les faites blanchir dans leur eau entre deux plats, & égoutter. Apres cela, marinez les auec vinaigre, sel, poiure, & écorce de citron, ou d'orange. Estant marinez
quelque

quelque temps, fortez les, & les faites frire auec du beurre affiné, & peu de farine: Eftant frits, mettez les dans vne autre marinade; fi vous les voulez garder long temps.

Vous les pouuez faire feruir à garnir, ou en baignets, ou farcis.

### 12. Choux.

Prenez les plus pommez, & les incifez en quatre, du cofté de la queuë, puis les faites blanchir & effuyer: mettez les dans vn falloir, ou dans vn pot, auec du fel, poiure, vinaigre, & fueilles de laurier, ou vn peu de romarin. Vous les pouués picquer de cloux, & lors que vous voudrez vous en feruir, faites les deffaler pour les mettre au potage, & non en falade. Eftant cuits, feruez.

### 13. Solles.

Prenez les bien fraifches, & les faites nettoyer. Si elles font groffes, vous les cizelez par deffus, & les farinez apres les auoir effuyées. Apres quoy, faites les frire à moitié auec du beurre ou de l'huile, & les mettez proprement dans vn pot, auec fel, poiure, clou battu, écorce d'orange ou de citron, & vinaigre: couurez les bien, & pour vous en feruir, fortez les

S

du pot, & les faites tremper dans de l'eau. Estant dessallées, faites les frire auec du beurre, ou de l'huile pour ceux qui l'ayment : N'oubliez pas de les bien fariner, & seruez les auec orange ou citron : ou si vous voulez, apres les auoir passé par la poësle, ouurez l'arreste, & les mettez en ragoust; pour quoy faire, mettez dedans des capres, anchois, champignons, trousles, & tout ce que vous pourrez auoir; puis les faites mitonner, & seruez auec sauce liée, & vn jus de citron ou d'orange.

### 14. *Huistres.*

Sortez les de la coquille, & les faites blanchir, ou comme elles sont sortant du panier, mettez les dans vn pot, & les assaisonnez de sel, poiure, clou battu, & quelque fueille de laurier : couurez les bien, ou si vous voulez, vous les pouuez nfoncer dans vn baril. Lors que vous voudrez vous en seruir, faites les dessaller dedans l'eau tiede. Estant dessallées, vous en pouuez garnir, ou faire des baignets, ou fricasser.

### 15. *Crestes sallées.*

Il leur faut bien oster le sang, & les mettre dans vn pot auec sel fondu, poiure, clou, vn filet de vinaigre, & quelque fueille de laurier : couurez les bien, & les mettez en vn lieu qui ne soit ny frais ny chaud. Lors que vous voudrez vous en seruir, prenez en ce qu'il vous en faut, les mettez dessaller dans de l'eau tiede, & les changez fort souuent. Estant bien dessallées, faites bouillir de l'eau, & les eschaudez. Estant bien nettes, faites les cuire auec du bouillon ou de l'eau. Estant presque cuites, mettez y vn bouquet, du beure ou du lard, & vne tranche de citron. Estant bien cuites, seruez vous en pour garnir tout ce que vous voudrez.

---

*Autre Table de choses à saller & garder, particulierement pour vn Pastissier.*

| | |
|---|---|
| Cardes d'artichaux, | 1 |
| Palets de bœuf, | 2 |
| Langues de mouton, | 3 |
| Poulets marinez, | 4 |
| Roignons de belier, | 5 |
| Pigeonneaux, | 6 |
| Beurre sallé. | 7. |

*Methode.*

1. *Cardes d'artichaux.*

Choisissez les pieds les plus blancs, coupez les de longueur de demy pied, leur ostez bien les filets, les mettez tremper dans de l'eau fraische, & les changés deux ou trois fois: faites les blanchir & égoutter, essuyez les, mettez les dans vn pot, & les sallez. Estant sallez, faites fondre & affiner vne liure de beurre, & la iettez par dessus, pour les serrer, & vous en seruir au besoin.

2. *Palets de bœuf.*

Sallez les sortant de la teste, & les serrez iusques à ce que vous en ayez affaire; alors faites les dessaller. Estant dessallez, faites les cuire, & ostez la peau de dessus, & les barbillons, puis les découpez par morceaux, ou par tranches; mettez les en ragoust, ou en garnissez tout ce que vous auez besoin, iusques à la pastisserie, à quoy ils vous peuuent beaucoup seruir.

3. *Langues de mouton.*

Estant tirées de la teste, sallez les, lors que vous en aurez affaire; estant dessallées, faites les cuire. Estant cuites, habillez les proprement, fendés les, & les mettez sur le gril auec mie de pain & sel. Estant rosties, faites vne sauce auec verjus, vn filet de vinaigre, persil aché, chapelure de pain, peu de bouillon du pot, & les faites mitonner, puis seruez.

4. *Poulets marinez.*

Estāt habillez, fendez les par la moitié, & les essuyez bié: farinez les & les faites frire à moitié, puis les mettez dans vn pot, auec sel, poiure, vinaigre, & fines herbes: couurez les iusques au besoin, & alors les faites dessaller auec de l'eau fraische ou tiede, qui sera bien la meilleure. Estāt dessallez, essuyez les & farinez, puis les faites frire. Estant frits, seruez, & si vous voulez qu'ils paroissent, il faut faire vne liaison auec des œufs & farine, les frire & les mettre en sauce auec vn jus d'orange.

5. *Roignons de belier.*

Ostez leur la premiere robbe, & les découpez par dessus pour leur faire prendre sel; mettez les dans vn pot, & en lieu frais. Pour vous en seruir, faites les dessaller, & cuire, puis vous en seruez à tout ce que vous voudrez.

6. *Pigeonneaux.*

Apres les auoir bien applatis, essuyez

S iij

les, farinez, & les faites frire, puis les mettés dans vn pot auec vinaigre, poiure, cloux, & fines herbes. Lors que vous voudrez vous en seruir, faites les dessaller pour les mettre en ragoust, ou en potage, ou en paste, ou pour les seruir marinez.

7. *Beurre salé.*

Lauez le bien en eau fraische, & l'égouttez; puis le mettez dans vne terrine, & le pestrissez auec sel blanc, clou de girofle, quelques fueilles de laurier, & de l'anis pilé si vous voulez. Apres quoy, mettez le dans vn pot, & le couurez bien auec du papier ou parchemin, apres auoir osté l'eau qui en sort : mettez le à la caue, & vous en seruez.

---

*Methode instructiue pour faire en Caresme les bouillons de poisson, de purée, aux herbes, & d'amendes.*

*Bouillon de poisson.*

Faites vostre bouillon moitié eau, moitié purée : prenez des ossemens de carpe ou d'autre poisson, auec vn oygnon picqué de cloux, vn bouquet, & du sel : faites le tout bien cuire enſemble auec mie de pain, & du beurre : puis le paſſez, & vous en ſeruez pour tel bouillon que vous voudrez, excepté les herbes, la purée, & beaucoup de potages qui ſont ſans poiſſon.

Vous pouuez vous en ſeruir au potage d'eſcreuiſſes, le faiſant bouillir vn bouillon auec vos eſcreuiſſes pilées; apres quoy vous paſſerez le tout, l'aſſaiſonnerez, le dreſſerez, & ferez mitonner.

### Purée.

Pour faire purée claire, & qui ſoit bonne, faites tremper vos poix du iour au lendemain apres les auoir bien nettoyés : apres quoy, vous les mettrez cuire auec de l'eau de riuiere ou de fontaine, eſtant tiede. Eſtant preſque cuits, tirez voſtre purée, & vous en ſeruez à tout ce que vous voudrez.

### Bouillon aux herbes.

Vous le trouuerez dans les potages des iours maigres, & comme il eſt commun, il n'eſt pas beſoin de le repeter.

### Bouillon d'amendes.

Pelez bien vos amendes, & les pilez dans vn mortier ; à meſure que vous les pilez, arroſez les. Eſtant bien pilées, mettez les auec du bouillon de poisson, & mie de pain ; puis faites bouillir le tout auec sel, beurre, vn oygnon picqué, & vne écorce de citron, dont la peau de dessus soit ostée. Estant cuit, passez le par vne estamine, & le mettez dans vn pot iusques à ce que vous en ayez affaire.

Pour faire vostre bouillon d'amendes au laict, pelez bien vos amendes, battez les, & en les battant de fois à autre arrosez les auec du laict. Estant bien pilées, mettez les auec du laict bien frais, de la mie de pain, du sel, peu de clou, & peu de canelle: faites bouillir le tout vn bouillon, & apres le passez par l'estamine; quand vous serez prest à seruir, mettez le bouillir auec du sucre, & seruez.

Tous les potages de Caresme se font & assaisonnent comme ceux des iours maigres, hormis que vous n'y mettez point d'œufs; mais aux vns vous y meslez de la purée ; aux autres, que vous voulez seruir blancs ou marbrez, vous mettez du bouillon d'amendes : faites les mitonner comme les autres, & garnissez les de mesme. En suite de la Table, il sera dit ausquels il faut mettre bouillon d'amendes, & ausquels de la purée.

## Table des Potages de Caresme.

| | |
|---|---|
| Potage d'escreuisses, | 1 |
| Potage de achis de carpes, | 2 |
| Potage aux herbes, | 3 |
| Potage de tanches farcies aux nauets, | 4 |
| Potage à la Reyne. | 5 |
| Potage à la Princesse, | 6 |
| Potage de tortuës, | 7 |
| Potage de champignons, | 8 |
| Potage de solles, | 9 |
| Potage d'esperlans, | 10 |
| Potage d'asperges, | 11 |
| Potage d'attereaux, | 12 |
| Potage de laittuës, | 13 |
| Potage de choux au laict, | 14 |
| Potage de choux à la purée, | 15 |
| Potage de citrouille, | 16 |
| Potage de citrouille au laict, | 17 |
| Potage de nauets au bouillon b'anc, | 18 |
| Potage de nauets frits, | 19 |
| Potage de purée, | 20 |
| Potage sans beurre, | 21 |
| Potage de profiteolles, | 22 |
| Potage d'oygnon, | 23 |
| Potage de moules, | 24 |

*Potage de grenouilles,* 25
*Potage de grenoſis,* 26
*Potage de ſaumon à la ſauce douce,* 27
*Potage de ſon,* 28
*Potage de grenouilles aux amendes,* 29
*Potage d'oubelon,* 30
*Potage de panets,* 31
*Potage de poireaux au laict,* 32
*Potage d'aſperges rompuës,* 33
*Potage de choux-fleurs,* 34
*Potage de fidele,* 35
*Potage de riz,* 36
*Potage de tailladin,* 37
*Potage de macreuſe en ragouſt,* 38
*Potage de macreuſe aux nauets,* 39
*Potage de poireaux à la purée,* 40
*Potage de limandes,* 41
*Potage de rouget,* 42
*Potage de lentilles.* 43

---

## Diſcours des Potages de Careſme

### 1. Potage d'eſcreuiſſes.

Seruez-le auec de la purée.

### 2. Potage d'achis de carpes.

Auec purée & amendes.

3. *Potage aux herbes.*
Auec fort peu de purée.
4. *Potage de tanches farcies aux nauets.*
Auec fleur fritte, & peu de purée.
5. *Potage à la Reyne.*
Auec du bouillon de carpe ou d'autre poisson meslé de purée, & d'amendes.
6. *Potage à la Princesse.*
Il se fait de purée, que vous faites cuire auec des ossemens de carpe.
7. *Potage de tortues.*
Auec peu de purée.
8. *Potage de champignons.*
Auec purée.
9. *Potage de solles.*
Auec purée.
10. *Potage d'esperlans.*
Bon bouillon meslé d'amendes.
11. *Potage d'asperges.*
Purée, & herbes.
12. *Potage d'attereaux.*
Tirez le du meilleur bouillon.
13. *Potage de laittuës.*
Auec purée.
*Potage de choux au pain frit.*
Peu de purée.
14. *Potage de choux au laict.*
Peu de purée, & force beurre.

### 15. Potage de choux à la purée.

Mettez dans voſtre purée vn oygnon picqué de cloux, poiure & ſel. Eſtant cuite, ſeruez la bien garnie de vos choux, & quelque morceau de pain frit, que vous aurez fait cuire auec.

### 16. Potage de citrouille.

Faites bien cuire voſtre citrouille, en ſorte qu'elle ſoit plus liée qu'à l'ordinaire: puis fricaſſez vne ſiboule auec du beurre, & la mettez dedans auec du ſel, puis ſeruez poiurée.

### 17. Potage de citrouille au laict.

Eſtant bien cuite, paſſez la, & n'y laiſſez tant de bouillon, à cauſe du laict qu'il y faut mettre. Eſtant bien aſſaiſonnée auec laict, & peu de beurre, faites mitonner voſtre pain, & ſeruez poiurée ſi vous voulez.

### 18. Potage de nauets au bouillon blanc.

Ratiſſez vos nauets, & les mettez dans vn pot auec de l'eau. Eſtant bien cuits, aſſaiſonnez les de ſel & d'vn bouquet: lors que vous voudrez dreſſer, oſtez le de deſſus le feu, mettez y du beurre bien frais, & le remuez hors du feu, ſans plus l'y remettre: puis ſeruez auec peu de bouillon d'amendes par deſſus.

19. *Potage de nauets frits.*

Ratiffez les, & les coupez en deux, ou autrement, faites les blanchir, & les farinez. Eſtant eſſuyez, faites les frire, & les mettez cuire auec de l'eau, peu de poiure, & vn oygnon picqué de cloux; lors que vous voudrez dreſſer ſi voſtre bouillon n'eſt lié, vous y pouuez mettre peu de farine fritte, auec vn filet de vinaigre, puis ſeruez.

20. *Potage de purée.*

Prenez la plus claire, & la mettez dans vn pot, puis paſſez de l'ozeille, du cerfueil, & peu de perſil auec du beurre; mettez le tout dans vn pot, faites le bien cuire, & le bien aſſaiſonnez; faites mitonner voſtre potage, & le ſeruez de racines de perſil cuites auec.

21. *Potage ſans beurre.*

Il ſe fait à force d'herbes bien aſſaiſonnées, & cuites auec vne crouſte de pain: faites mitonner, & ſeruez.

22. *Potage de profiteolles.*

Tirez le de pluſieurs bouillons, puis ouurez des pains au nombre de ſix, que vous aurez fait faire exprés: faites vn trou par deſſus, & en oſtez la mie: paſſez les auec du beurre, & les empliſſez de laittances, champignons, asperges rompuës, & remarquez qu'il faut qu'ils soient cuits auant que de les emplir. Estant pleins, mettez les mitonner tout à loisir sur vostre potage, que vous garnirez de laittances, champignons, asperges rompuës, & seruez.

### 23. *Potage d'oygnon.*

Il se fait de mesme sorte qu'hors le Caresme. Vous le trouuerez aux Potages des iours maigres.

### 24. *Potage de moules.*

Aussi de mesme sorte qu'hors le Caresme, à la reserue que vous n'y mettez point d'œufs, & y pouuez mettre bouillon d'amendes, ou de quelque ragoust. Seruez le garny de moules.

### 25. *Potage de grenouilles.*

Rompez les os & les noüez, puis les faites blanchir & égoutter : mettez les dans vn plat iusques à ce que vous ayez fait vn bouillon de purée: passez y peu de persil aché auec du beurre. Ayant bouilly, mettez les dans vostre bouillon, & aussi-tost les tirez; delayez peu de saffran, & le mettez dans vostre pot. faites mitonner vostre pain, le garnissez de vos grenouilles, & seruez.

26. *Potage de grenoſts.*

Il ſe fait de meſme façon qu'aux iours maigres de charnage, vous l'y trouuerez.

27. *Potage de ſaumon à la ſauce douce.*

Coupez le par tranches, & le mettez mariner: paſſez vos tranches par la poëſle, picquez les de cloux, & les mettez entre deux plats auec du beurre, vn bouquet, ſucre, vin, peu de ſel, & poiure bien battu : faites les mitonner, puis ſeicher voſtre pain, & auſſi mitonner auec quelque autre bouillon : garniſſez le en ſuite de vos tranches de ſaumon, la ſauce par deſſus, & garny ſi vous voulez de figues ou de brugnolles.

28. *Potage de ſon.*

Il ſe fait de meſme ſorte qu'aux iours maigres, hormis que vous n'y mettez point d'œufs.

29. *Potage de grenouilles aux amendes.*

Vous le trouuerez aux Potages des iours maigres, faites le de meſme, mais n'y mettez point d'œufs.

30. *Potage d'oubelon.*

Faites vn bouillon de purée, & le mettez bouillir : paſſez peu de bonnes herbes bien achées par la poëſle, & les mettez dans vostre pot: faites y cuire vostre oubelon, apres qu'il sera blanchy: peu deuant que de seruir, tirez le, & le mettez auec du beurre, sel, muscade, vinaigre, & fort peu de bouillon. Estant bien assaisonné, faites mitonner vostre pain, le garnissez de vostre oubelon, emplissez vostre plat, & seruez.

### 31. *Potage de panets.*

De mesme qu'aux iours maigres, hormis que vous le faites auec de la purée, & n'y mettez point d'œufs.

### 32. *Potage de poireaux au laict.*

Coupez vos poireaux fort menus, faites les blanchir, les essuyez, & les faites cuire auec de la purée claire. Estant cuits, mettez y du laict, poiure, sel, & clou: faites mitonner vostre pain, & le garnissez de vos poireaux, puis seruez.

### 33. *Potage d'asperges rompuës.*

Rompez vos asperges, ou les coupez, & les fricassez auec bon beurre, sel, poiure, persil, & siboules achées; faites bien mitonner le tout ensemble, puis faites vn bouillon de purée ou de potage aux herbes, que vous passerez; faites aussi mitonner vostre pain, & le garnissez de vos asperges, puis seruez.

Vous

Vous y pouuez mettre jus de champignons, & champignons en ragoust.

### 34. *Potage de choux-fleurs.*

Habillez les, & faites blanchir, puis les mettez dans vn pot auec de bon bouillon, ou de la purée, bien assaisonnez de beurre, sel, vn oygnon picqué de cloux. Estant cuits, en sorte qu'ils ne soient pas rompus, faites mitonner vostre pain, garnissez le de vos choux, & seruez.

Vous y pouuez mettre du laict & du poiure.

### 35. *Potage de fideles.*

Faites les cuire auec de l'eau ou du laict. Estant cuites & bien assaisonnées, tirez en vne partie pour fricasser, & du reste faites en vn potage, auec beurre, sel, poiure, oygnon picqué, puis dressez & seruez.

### 36. *Potage de riz.*

Il se fait de mesme que celuy de fideles, faites le cuire iusques à ce qu'il soit bien creué, puis seruez.

### 37. *Potage de tailladins.*

Il se fait de mesme, hormis qu'estans cuits, vous y pouuez mettre fort peu de saffran, & du beurre bien frais. Vous y pouuez mettre aussi du laict pour les faire liquides; & le tout estant bien assaisonné, seruez.

38. *Potage de macreuse en ragoust.*

Vous le trouuerez aux potages maigres, le ferez de mesme façon, mais vous n'y mettrez point d'œufs.

39. *Potage de macreuse aux nauets.*

Estant habillée, lardez la d'anguille, & luy donnez vn tour de broche, ou la passez par la poësle: puis la mettez dans vn pot auec de l'eau, de la purée, & vn bouquet. Estant presque cuite, passez des nauets par la poësle, mettez les auec vostre macreuse, & l'assaisonnez bien.

Pour lier vostre potage, passez vn peu de farine par la poësle iusques à ce qu'elle soit rousse, & la délayez auec vn filet de vinaigre; mettez la dans vostre pot, & ayant bouilly vn bouillon, faites mitonner vostre pain, & seruez.

40. *Potage de poireaux à la purée.*

Estant blanchis, mettez les auec vostre purée, & capres, & les assaisonnez bien. Estant cuits, faites mitonner vostre pain, le garnissez de vos poireaux, & seruez.

41. *Potage de limandes.*

Faites mitonner vostre pain auec de

vos meilleurs bouillons, & le garnissez de vos limandes, que vous aurez frittes & mises en ragoust, champignons, capres & asperges rompuës, puis seruez.

### 42. *Potage de rougets.*

Habillez les & les mettez dans vn poëslon auec vn bouquet, peu de vin blanc, & bien assaisonné: faites mitonner vostre pain d'autre bouillon, & le garnissez de vos rougets auec leur sauce, puis seruez.

### 43. *Potage de lentilles.*

Estant bien cuites & assaisonnées de beurre, sel, & vn bouquet, dressez & seruez.

Vous les pouuez mettre sur le potage auec de l'huile, estant sallées.

---

*Table des Entrées qui se font en Caresme, & où il n'entre point d'œufs.*

Solle.
Brochet.
Tanches farcies.
Tanches frittes.
Carpe à l'estuuée.

Carpe farcie.
Carpe rostie.
Carpe fritte & mise en ragoust.
Saumon.
Achis de carpe.
Saumon à l'estuuée.
Lotte.
Lotte à l'estuuée.
Carpe au demy court bouillon.
Huistres.
Huistres en ragoust.
Huistres à l'escaille sur le gril.
Vilain en ragoust.
Vilain au court bouillon, & rosty.
La soif.
Barbeaux.
Barbuës.
Limandes en castrolle.
Limandes frittes.
Limandes rosties.
Plies en ragoust.
Plies frittes.
Macreuse.
Macreuse au court bouillon.
Macreuse rostie.
Aloze rostie.
Aloze au court bouillon rostie.
Lamproye.

Lamproye sur le gril.
Lamproye à la sauce douce.
Lamproye à l'estuuée.
Anguille en ceruelass.
Anguille en façon d'estuuée.
Anguille au demy court bouillon.
Anguille de mer à l'estuuée.
Anguille de mer fritte à l'estuuée.
Aumare au court bouillon.
Aumare en fricassée à la sauce blanche.
Langouste au court bouillon.
Langouste à la sauce blanche.
Brochet farcy.
Brochet farcy & resty à la broche.
Maquereaux rostis.
Harans frais rostis.
Harans frais à la sauce rousse.
Sardines de Royant.
Rouget.
Grenost.
Moruë fraische rostie.
Moruë fraische au demy court bouillon.
Moruë de terre neufue.
Soupresse de poisson.
Iambon de poisson.
Moulles.
Raye fritte.
Raye au court bouillon.

Raye fritte en ragouſt.
Eſperlans.
Tripes de moruë.
Seiches.
Merluche fritte.
Merluche à l'huile.
Merluche fricaſſée.
Saumon à la ſauce rouſſe.
Saumon à l'huile, oygnon, & vinaigre; Ou ſala-
   de ſi vous voulez.
Maquereaux ſallez.
Harans à l'eſtuuée.
Harans ſorets.
Harans ſallez.
Poix.        Purée.
Bette-raues.
Nauets.
Carottes.
Panets.
Taupinambours.
Serſifis.
Cheruis.
Cardes de poirée.
Lentilles.
Eſpinars.
Pommes fricaſſées.
Pommes au ſucre.
Pruneaux.

## ADVIS.

Cette Table ne sembloit pas beaucoup necessaire, non plus que les suiuantes, d'autant que ce qui y est cotté s'accommode de mesme qu'en autre temps, excepté toutefois qu'il ne s'y met point d'œufs, ny pour lier, ny pour autre chose. Mais au lieu d'œufs pour lier, vous prenez chair de carpe ou d'anguille, qui lie beaucoup mieux auec le beurre, que non pas les œufs, à la reserue des cinq derniers articles, dont n'ayant point encore fait mention, i'ay trouué à propos de les inserer icy.

*Lentilles.*

Estant bien cuites, passez les par la poësle, auec beurre frais, sel, poiure, peu de fines herbes, & siboules. Estant bien fricassées, seruez les.

Elles se peuuent seruir en purée, à la façon de celle des poix : Si vous auez de la peine à les passer, battez les dans vn mortier.

Elles peuuent se seruir aussi auec huile d'oliue passée.

### Espinars.

Prenez les plus blonds, & ne vous seruez des plus verds que dans l'extremité: nettoyez les bien, & les lauez plusieurs fois; les faites égoutter, & ietter leur eau entre deux plats; assaisonnez les auec la moitié autant de beurre que d'espinars, de sel poiure, vne siboule, ou vn oygnon picqué de cloux: passez le tout par la poële, & les faites mitonner dans vn plat couuert. Estant prest à seruir, vous y pouuez mettre muscade & cresme, sinon seruez les comme ils sont.

Plusieurs les font bouillir auec de l'eau, mais ils ne sont pas si bons, quoi que vous les accommodiez de mesme.

### Pommes fricassées.

Pelez vos pommes, & les coupez par ruelles iusques au cœur: faites roussir du beurre, & les fricassez auec peu de sel & poiure Si vous auez de la cresme, vous y en pouuez mettre, & les seruir apres qu'elles auront bouilly vn bouillon.

### Pommes au sucre.

Prenez des pommes, fendez les en deux, ostez en le cœur, & les picquez par dessus: emplissez en vostre plat à moitié, auec vn peu d'eau, canelle, beurre, & quantité de sucre: faites les cuire à loisir auec vn couuercle de four ou tourtiere. Estant cuites, seruez les sucrées.

*Pruneaux.*

Prenez les de Tours, ou communs, les lauez & nettoyez bien. Estant bien nets, faites les cuire à loisir dans vn pot: lors qu'ils seront à moitié cuits, mettez y du sucre, & le bouillon estant prest de syrop, seruez.

Si vous n'y voulez mettre de sucre en cuisant, le syrop estant bien lié, parsemez les de sucre, & seruez.

Il y a beaucoup de personnes qui ne veulent manger que de l'huile, il les faut seruir à leur mode: Or pour empescher que l'huile ne sente, faites la bouillir auec vne crouste de pain bruslée, apres quoy vous pouuez vous en seruir comme de beurre.

## Table du Second de Caresme.

Turbots.
Barbuës.
Barbuës en castrelle.
Viues.
Solles.
Solles en ragoust.
Saumon.
Saumon à la sauce douce.
Grenost.
Marsouin.
Becare.
Loux.
Truitte saumonnée.
Raye.
Esperlan.
Maquereaux.
Sardine.
Rouget.
Brochet.
Brochet à la sauce.
Brochet farcy.
Carpe.
Carpe farcie de laittances.

*Lotte.*
*Lotte en ragouſt.*
*Perches.*
*Tanches.*
*Alozes.*
*Moruë fraiſche.*
*Breſme roſtie.*
*Plies.*
*Macreuſe.*
*Carpe au demy court bouillon.*
*Tanches frittes en ragouſt.*
*Barbeaux en ragouſt.*
*Vilain en ragouſt.*
*Doraſde au court bouillon.*
*Doraſde roſtie.*
*Harans frais.*

## ADVIS.

Toutes ces viandes du Second de Careſme ſe ſeruent de meſme ſorte, & auec le meſme aſſaiſonnement qu'aux iours maigres du reſte de l'année.

Pour la Paſtiſſerie de Careſme, vous la trouuerez aux iours maigres, & l'accommoderez de meſme façon, & auec meſme aſſaiſonnement, hormis que vous

n'y mettrez point de iaunes d'œufs; E
vous dorerez voſtre paſtiſſerie auec œuf
de brochet pilez, ou auec du beurre
fondu, car le ſaffran ne vaut rien.

## Table des Entre-mets de Careſme.

Champignons.
Cardons.
Cardes.
Cheruis.
Troufles en ragouſt.
Blanc manger.
Artichaux frits.
Champignons frits.
Tortuës.
Paſte filée.
Aſperges.
Tourte de franchipanne.
Seruelaſt d'anguille.
Iambon de poiſſon.
Laittances frittes.
Laittances en ragouſt.
Foye de lotte.
Gelée de toutes ſortes de poiſſons.

Celeris.
Ramequins de toutes sortes.
Champignons à l'oliuier.
Morilles.
Pruneaux.
Brugnoles.
Sersifis.
Cheruis.
Petite tourte de cresme musquée.
Tourte d'espinars.
Rissolles.
Lottes frittes.
Asperges en poix verds.
Foye de lotte fritte.
Escreuisses fricassées.
Escreuisses en ragoust.
Baignets de grenouilles.
Grenouilles en ragoust.
Escreuisses en ragoust.
Nulle de laittance.

Vous trouuerez aux iours maigres la façon d'accommoder tout le Second du Caresme, à la reserue des articles suiuans que i'ay adjoustés.

Rissolles.
Prenez quelque reste d'achis de car-

pe, de champignons, & de laittances: achez le tout enſemble, bien nourry de beurre & de creſme ſi vous en auez: aſſaiſonnez le d'vn bouquet, & le faites bouillir vn bouillon pour le mieux lier, & vous en ſeruir à faire vos riſſolles, pour leſquelles bien accommoder, prenez paſte fueilletée, eſtendez la, & y mettez de voſtre appareil à proportion de la groſſeur que vous leur voulez donner : moüillez les autour, les couurez & dorez auec du beurre, faute d'œufs de brochet, le ſaffran ny vaut rien. Eſtant dorées, mettez les au four, & eſtant cuites, ſeruez.

Les petites riſſolles ſe font de paſte fine, & y en doit moins auoir qu'à vn petit paſté : vos abaiſſes eſtant faites, empliſſez les à proportion : moüillez les au tour & les fermez ; puis les iettez dans du beurre affiné bien chaud, iuſques à ce qu'elles ſoient cuites & iaunes. Tirez les auſſi-toſt, & puis les ſeruez.

Si vous ſucrez le dedans, il faut auſſi ſucrer le deſſus en ſeruant.

*Baignets de grenouilles.*

Choiſiſſez les plus belles, & les plus

grosses, mettez les en cerises, les faites fort peu blanchir, & les essuyez: faites vne paste auec farine, sel, laict, fromage blanc, & de tout fort peu: battez le tout dans vn mortier, & le rendez liquide, iusques à ce qu'il soit comme vne paste de baignets: prenez vos grenoüilles par la queuë, les trempez dans vostre appareil, & les iettez dans du beurre bien chaud: faites-les frire comme des baignets, & seruez garny de persil frit.

## Memoire de ce qui se peut seruir au Vendredi Sainct.

Potage de santé, que vous ferez d'ozeille, laictuës, poirée, pourpier, & vn bouquet: faites cuire le tout auec sel, beurre, & vne entameure de pain: faites mitonner, & seruez.

Potage de purée fort claire, que vous ferez y mettant peu d'herbes, des capres, vn bouquet, vn oygnon picqué de cloux. Estant bien cuit, seruez garny de pain frit.

Potage de laict d'amendes : pour lequel faire vous trouuerez la maniere aux Potages du Caresme.

Potage de nauets.

Potage de panets.

Potage d'asperges.

Potage de citroüilles.

Potage de profitcolles. Pour le faire prenez cinq ou six petits pains, ouurez les par dessus, & en ostez la mie, puis les faites seicher prés du feu, ou auec du beurre frais : faites les mitonner auec vn bouillon fait exprés, auec champignons, purée, oygnon picqué, le tout bien assaisonné & passé. Seruez vous de ce bouillon pour faire vostre potage, & garnissez vostre plat de vostre pain sec, puis l'emplissez de petits ragousts, comme trouffles, artichaux, asperges, & champignons frits, garnissez le tour de citron ou grenade, & arrosez si vous voulez vostre potage de jus de champignons, puis seruez.

Potage de Brocolis. Faites les cuire auec de l'eau, du sel, purée, beurre, oygnon picqué, & peu de poiure : faites mitonner vostre crouste, la garnissez de vos brocolis, & en emplissez vostre

ſtre plat ; puis ſeruez.

Le meſme potage ſe peut faire de laict, & garnir de meſme ſorte.

Le potage d'oubelon ſe fait de meſme que le potage de Brocolis, & ſe garnit de meſme.

Le Potage à la Reyne ſe fait de meſme ſorte que celuy de Careſme, hormis que vous faites vn achis de champignons, pour garnir voſtre pain. Eſtant emply, & pluſieurs fois paſſé par la poëſle, garniſſez le par deſſus de piſtaches, grenades, & citrons coupez.

Vous trouuerez à la Table du Careſme, & aux iours maigres la façon de faire vn potage de jus d'herbes ſans beurre, vous pouuez vous en ſeruir, ſi vous voulez.

Potage à la Princeſſe garny de fleurons.

Potage de laict.

Potage d'oygnon roux.

Potage de purée, garny de laictuës, & aſperges rompuës.

Potage de fideles ou tailladins garny de paſte fritte.

Potage de choux-fleurs.

Potage de ris garny d'vn pain ſeiché.

V

*Potage de poix verds.* Pour le seruir, faites les fort peu cuire, puis les battez dans vn mortier, & les passez & assaisonnez comme les autres, puis seruez.

---

### Entrée pour le Vendredy Sainct.

Bette-raues en dez au beurre roux, auec sel.

Bette-raues au beurre blanc.

Bette-raues passées.

Carottes rouges frittes, auec vne sauce rousse par dessus.

Carottes rouges pilées & passées auec oygnon, mie de pain, amendes, champignons & beurre frais, le tout bien lié & assaisonné.

Carottes rouges fricassées au beurre roux, auec oygnon.

Carottes rouges en ruelles à la sauce blanche, auec beurre, sel, muscade, siboules, & peu de vinaigre.

Carottes blanches fricassées.

Carottes en paste fritte.

Carottes achées en ragousts auec champignons.

Tourte de pistaches.

Tourte d'herbes.

Tourte de beurre.

Tourte d'amendes.

Panets à la sauce blanche, auec beurre.

Panets frits.

Serfifis à la sauce blanche, auec beurre.

Serfifis frits en paste.

Espinars.

Pommes au beurre.

Pommes fricassées.

Boulie de farine.

Boulie de ris & d'amendes passées.

Pruneaux.

Asperges rompuës fricassées.

Rissolles d'achis de champignons, carottes & pistaches bien nourries de beurre, seruies chaudes, sucrées, & auec fleur d'orange.

Cheruis frits en paste.

Cheruis à la sauce blanche, auec beurre.

Cardes de poirée.

Cardons.

Citroüilles fricaſſées.

Topinambours.

Artichaux entiers.

Fideles.

Riz au laict bien ſucré.

Pluſieurs le font percer ou creuer à l'eau quand il eſt bien net, & puis y mettent le laict.

D'autres le font cuire auec vn pot double.

Pour moy qui l'ay eſprouué de toutes façons, ie trouue pour le plus expedient, qu'eſtant bien laué & bien net, vous le faſſiez ſeicher deuant le feu. Eſtant bien ſec, vous le faſſiez mitonner auec du laict bien frais, & preniez garde de le noyer, le ferez cuire à petit feu, & le remuërez ſouuent, de peur qu'il ne bruſle, & à meſure y mettrez du laict.

Champignons en ragouſt.

Champignons à la creſme.

Mouſſerons en ragouſt garnis de piſtaches.

Trouffles coupées en ragouſt, & garnies de grenades.

Aſperges à la ſauce blanche.

Trouffles au court bouillon.

Salade de citron.
Salade cuite, soit chicorée ou laictuës.
Morilles en ragoust.
Morilles farcies.
Morilles à la cresme.
Cresme de pistaches.
Tourte de cresme d'amendes.
Gasteaux d'amendes.
Gasteaux fueilletez.
Artichaux frits.

# FIN.

www.ingramcontent.com/pod-product-compliance
Lightning Source LLC
Chambersburg PA
CBHW060413170426
43199CB00013B/2128